따라하면 매출이 따라오는
페이스북 마케팅

따라하면 매출이 따라오는
페이스북 마케팅
FACEBOOK MARKETING

 Like    Comment   Share

잠재고객을 충성고객으로 만드는
페이스북 마케팅의 힘

페이스북의 전 세계 월 이용자 수는 20억 명 이상이다. 국내에서만 대략 1,900만 명 이상이 페이스북이라는 거대한 제국 안에서 친구들과 상호작용하며 이야기를 나누고 있다. "세상은 페이스북으로 통한다."라는 말이 있을 정도로 모바일 속 조그만 5인치 안의 세상은 이제 없어서는 안 될 소통의 창구가 되었다.

페이스북은 단순히 취미로만 활용되지 않는다. 페이스북에는 항상 많은 사람들이 모여 있기 때문에 회사의 브랜딩을 위해 적극적으로 활용된다. 페이스북은 용도에 따라 크게 3가지로 나뉘는데, 자신의 이름으로 운영하는 개인계정과 회사 홈페이지 개념인 페이스북 페이지, 그리고 동호회와 카페 개념인 페이스북 그룹이다. 페이스북은 광고 마케팅이 가능한 세계 최대 규모의 플랫폼이기도 하다. 기업의 성패는 사람을 얼마나 많이 모으느냐에 달려 있다고 해도 과언이 아니다. 그래서 지금 이 시기를 흔히 플랫폼 시대라고 부른다. 사람들이 어떻게, 어떠한 곳에 모이고 있는가를 분석하면 해답은 쉽게 나온다. 그 중심에 바로 페이스북이 있는 것이다.

특히 사람들 개개인의 관심사를 끊임없이 이어주는 페이스북의 알고리즘은 페이스북을 더 큰 시장으로 만들었다. 이를 발판 삼아 페이스북 페이지는 회사의 거대 플랫폼으로 거듭났다. 팬들을 많이 모아 좋은 정보를 꾸준히 제공하면서 회사의 브랜드를 알리는 데 페이스북 페이지만한 플랫폼도 없다. 페이스북 페이지라는 플랫폼이 잘 구축되어 있으면 마케팅 비용이 절감되고 브랜드의 가치도 높아진다. 그래서 기업의 입장에서는 반드시 페이스북 페이지를 운영해야 한다.

페이스북 친구들과 연결되어 있는 또 다른 사람들을 찾아내는 것이 바로 페이스북이 자랑하는 스폰서 광고다. 마케팅의 가장 큰 핵심은 해당 광고가 목표로 정한 집단에 정확히 도달하는 것이다. 페이스북 광고는 이러한 점에 가장 적합한 마케팅 도구다. 구글이나 네이버 등 포털 사이트는 로그인을 하지 않아도 그곳에 들어가 여러 가지 정보를 볼 수 있는 반면, 페이스북은 로그인을 하지 않으면 절대 그 안으로 들어갈 수 없다. 즉 이용자들의 모든 행적을 페이스북이 알고 있다는 뜻이다. 이용자들이 페이스북에 들어와 실시간으로 자신의 행적을 남기면 페이스북은 그런 데이터를 모아 그들이 좋아할 만한 정보를 제공한다. 각 이용자의 뉴스피드에 이목을 집중시킬 수 있는 광고를 끊임없이 노출하는 시스템이다. 그러한 방식으로 사람들을 끊임없이 이어주는 알고리즘을 지니고 있다.

   광고주의 입장에서 자신이 필요로 하는 잠재고객들만을 찾아내 광고를 보여준다는 것이 얼마나 매력적인가? 페이스북 광고는 스스로 타겟을 정해 직접 예산을 짜 집행할 수 있으며, 또 광고에 대한 피드백을 실시간으로 볼 수 있어 언제든지 수정·보완할 수 있다. 당연한 이야기지만 사람들은 광고를 한 번 보았다고 곧바로 해당 제품을 구매하지 않는다. 물론 충동적으로 광고를 보는 족족 구매하는 경우도 있지만 대부분 심사숙고하는 과정을 거친다. 그래서 페이스북은 자체적으로 그런 사람들을 기억했다가 다시 그들에게 반복적으로 광고를 보여주는 알고리즘을 가지고 있다. 바로 이러한 타겟 마케팅이 페이스북 광고의 모태인 것이다.

   2018년 2월 페이스북 스폰서 광고가 전체적으로 업데이트되었다. 이 책에 해당 개편사항을 그대로 담아냈다. 업데이트 전과 후의 가장 큰 차이점은 광고주의 편의를 위해 별도로 운영되던 파워에디터 기능이 없어지고 해당 기능이 '광고 만들기' 안으로 들어왔다는 점이다. 상세 타겟팅 역시 좀 더 세분화되었다. 또한 모든 광고에 'A', 'B' 분할 테스트 항목을 추가해 분할 테스트 광고를 유도하고 있다. 그리고 메시지로 광고를 보낼 수 있는 메시지 광고가 추가되어 1:1 마케팅을 강화했다. 페이스북은 상상을 초월하는 거대한 마켓이고, 자신의 브랜드를 고객들에게 노출시키는 독특한 알고리즘을 가지고 있는 대단히 영리한 녀석이다. 필자는 예비 창업자와 현직에 있는 소상공인들이 꼭 알아야 할 브랜딩 노하우 및 운영 전략을 이 책에 쉽게 풀어내기 위해 노력했다. 이

책을 따라 페이스북을 잘 이용하면 분명 매출 증대라는 열매를 맺을 수 있을 것이다.

 페이스북과 페이스북 광고를 처음 접하는 사람들은 분명 어렵게 생각할 것이다. 하지만 자주 접하고 익히면 금방 배울 수 있다. 하루에 1시간 정도는 꼭 페이스북을 통해 소통하면서 천천히 익숙해지기를 바란다. 창업 이후 페이스북의 슬로건은 '보다 열린, 연결된 세상을 만든다(making the world more open and connected)'였다. 그리고 2017년 6월 22일 미국 시카고에서 열린 커뮤니티 서밋에서 '세상을 더 가깝게(bring the world closer together)'라는 새로운 목표를 공개했다. 마크 저커버그(Mark Zuckerberg)는 "페이스북이 세상을 연결하고 더 가깝게 만든다고 믿고 있다. 그러나 세상은 여전히 분열되어 있다. 페이스북이 그것을 더 가깝게 만들 책임이 있다고 생각한다."라고 말했다.

 페이스북 광고를 통해 잠재고객을 확보하고, 해당 광고에 반응한 잠재고객을 맞춤타겟으로 설정해보자. 페이스북 마케팅을 통해 맞춤타겟으로 생성된 데이터를 리타겟팅해 충성고객으로 만들 수 있다. 이러한 일련의 과정이 가능한 것이 페이스북이라는 플랫폼이다. 회원 DB가 없는 업체들은 페이스북 광고를 통해 잠재고객에게 접근하면 된다. 이 책을 통해 매일 꾸준히 정기적으로 페이스북 마케팅에 정진한다면 향후 엄청난 수의 잠재고객을 만들 수 있을 것이다.

임성빈

• 차례 •

프롤로그 잠재고객을 충성고객으로 만드는 페이스북 마케팅의 힘 ··· 4

Part 1 페이스북 마케팅의 시대

SECTION ♥ 01 왜 페이스북 마케팅인가? ··· 13
SECTION ♥ 02 페이스북 페이지를 활용해야 하는 이유 ··· 28
SECTION ♥ 03 변화된 뉴스피드 알고리즘과 광고 정책 ··· 36

Part 2 꼭 알아야 할 페이스북 마케팅 전략

SECTION ♥ 01 페이스북 페이지 개설 및 활용법 ··· 51
SECTION ♥ 02 페이스북 마케팅의 첫걸음, 콘텐츠 기획 ··· 67
SECTION ♥ 03 성공적인 프로모션은 이벤트에 달려 있다 ··· 78

Part 3 실전 페이스북 광고 활용법

SECTION ♥ 01	페이스북 광고로 잠재고객을 찾아라	… 89
SECTION ♥ 02	맞춤타겟, 유사타겟, 리타겟팅	… 102
SECTION ♥ 03	그래프서치, 비즈니스 관리자	… 130
SECTION ♥ 04	1단계 : 캠페인 설정하기	… 138
SECTION ♥ 05	2단계 : 광고 세트 설정하기	… 153
SECTION ♥ 06	3단계 : 광고 게재하기	… 168

Part 4 페이스북 마케팅 성공사례 분석

SECTION ♥ 01	공감되는 나만의 콘텐츠가 성공 요인	… 185
SECTION ♥ 02	소상공인의 페이스북 마케팅 성공사례	… 196
SECTION ♥ 03	중소기업의 페이스북 마케팅 성공사례	… 211
SECTION ♥ 04	공공기관의 페이스북 마케팅 성공사례	… 226

에필로그 농사를 짓는 마음으로 페이스북을 활용하자 … 240
페이스북, 이런 점이 궁금해요! … 244

FACEBOOK MARKETING

왜 페이스북 마케팅인가?

 현재 전 세계 많은 기업들이 페이스북을 통해 공격적으로 마케팅을 하고 있으며, 또 많은 개인들도 페이스북으로 자신들의 브랜드를 노출하기 위해 애쓰고 있다. 광고주들은 당연히 사람들이 많이 모이는 곳에 자신의 브랜드를 알리는 광고를 노출하고 싶어 하며, 또 그러한 장소(플랫폼)를 찾아내고 선점하기 위해 많은 비용을 투자한다.

 마케팅의 핵심은 간단하다. 바로 잠재고객들에게 내 광고가 정확히 도달되는 것이다. 사람마다 생각과 관심사가 다 다른데 어떻게 그렇게 다양한 욕구를 가진 사람들 중에 내 제품과 서비스를 좋아할 만한 잠재고객을 찾아낼 수 있을까? 페이스북 마케팅이 주목받는 이유는 페이스북이 잠재고객을 찾아내는 알고리즘을 갖고 태어났기 때문이다. 이번 섹션을 통해 왜 페이스북이 최적의 바이럴 마케팅 플랫폼인지 알아보자.

바이럴 마케팅을 위해 이용률이 높은 SNS를 노려라

현대인들은 어디를 가든 늘 광고를 접한다. 그렇게 많은 광고가 쏟아지는 이유는 자신의 제품과 서비스, 즉 브랜드를 노출하고 싶어 하는 광고주들 때문이다. 기존의 광고는 전파 광고와 인쇄 광고, 옥외 광고로 나뉘어져 있다. 하지만 인터넷이 보편화되면서 최근에는 온라인 광고가 오프라인 광고시장을 잠식한 상황이다. 온라인 광고의 점유율이 오프라인 광고를 앞지르는 업종도 있을 정도다. 포털사이트의 검색량도

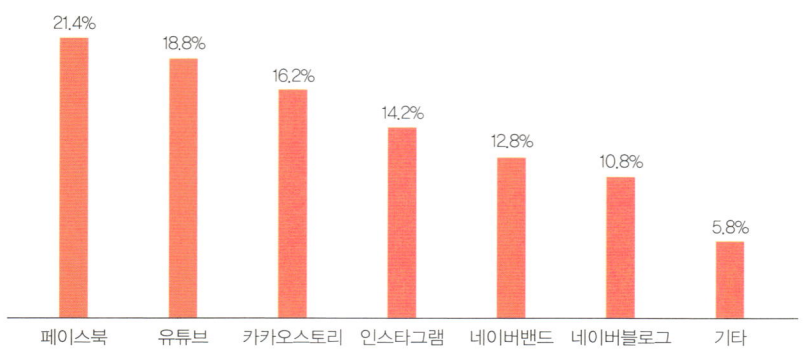

소셜미디어 플랫폼 사용현황

페이스북 21.4%
유튜브 18.8%
카카오스토리 16.2%
인스타그램 14.2%
네이버밴드 12.8%
네이버블로그 10.8%
기타 5.8%

자료 : 오픈서베이(2017년)

✦ 우리나라 사람들의 SNS 사용현황. 페이스북이 가장 높은 사용률을 보이고 있다.

컴퓨터보다 모바일이 2~3배 많아졌다. 스마트폰의 보급으로 모바일 광고가 데스크톱 광고보다 주목받는 이유다.

　소셜미디어 플랫폼 사용현황 도표를 살펴보자. 한때 국내에서 가장 인기 있었던 카카오스토리를 제치고 페이스북과 유튜브가 선두를 차지하고 있다. 그 뒤를 인스타그램, 네이버밴드, 네이버블로그, 기타(트위터 등)가 따르고 있다. 연령별로 페이스북을 이용하는 층은 10대와 20대가 압도적인데, 최근에는 사업을 하는 연령층인 40대와 50대 이용자도 조금씩 늘어나고 있는 추세다.

　SNS별 이용시간도 페이스북이 강세를 보인다. 페이스북은 일평균 33.6분, 인스타그램은 30.3분, 카카오스토리는 21.2분, 네이버밴드는 20.7분, 트위터는 18.9분 사용되고 있다. 트위터의 퇴조와 함께 최근 가장 뜨겁게 떠오르고 있는 인스타그램의 약진이 눈에 띈다.

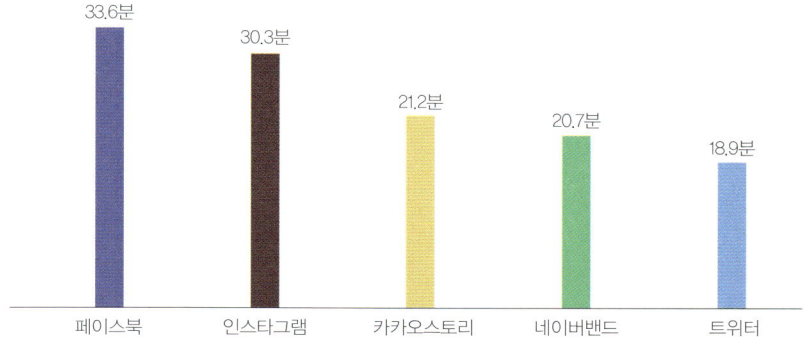

✿ 페이스북은 하루 평균 약 33.6분 사용되고 있다.

결국 마케팅은 사람들이 많이 모이는 곳에서 행해지기 마련이다. 이런 통계들만 보아도 왜 페이스북이 바이럴 마케팅을 하기에 최적의 플랫폼인지 알 수 있다.

카카오스토리의 하락세, 대세로 떠오른 페이스북

과거 우리나라에서는 카카오톡과 연계되는 카카오스토리가 많이 이용됐다. 남녀노소 누구나 쉽게 사용할 수 있을 정도로 접근성이 좋아 지인들의 일상을 엿보며 소통할 수 있었기 때문이다. 하지만 최근에는 카카오스토리를 이용하던 회원들이 대거 이탈해 다른 플랫폼으로 이동하고 있는 실정이다. 통계를 살펴보면 대다수의 이용자가 페이스북으로 넘어오고 있다.

페이스북으로 이동하는 이유는 무엇일까? 카카오스토리보다 페이스북에 양질의 정보가 더 많고, 카카오스토리의 뉴스피드에 광고가 차지하는 비중이 지나치게 많아지면서 이용자들의 피로도가 증가했기 때문이다. 이와 달리 페이스북은 이용자가 선호하는 관심사와 관련된 광고를 노출하기 때문에 피로감이 덜하다. 또 전 세계 각 업종의 전문가들이 많이 모여 있어 이용자들은 그들이 꾸준히 발행하는 콘텐츠가 유용하다고 느낀다. 자신이 관심 있는 분야의 광고와 필요로 하는 정보를 제공하는데 페이스북을 멀리할 이유가 있을까?

페이스북을 멀리했다면 이제부터라도 하루에 최소 3번 정도는 접속해 본인의 타임라인에 글을 쓰면서 친구들의 포스팅에 '좋아요'와 댓글을 다는 습관을 만들어보자. 페이스북은 소통과 평판으로 이루어지는 플랫폼이다. 그렇기 때문에 무엇보다 친구들을 사귀면서 그들과 끊임없이 소통하는 것이 중요하다. 그러면서 자신이 하고 있는 일을 은근슬쩍 알려야 한다. 광고만을 통한 브랜딩은 마케팅 비용이 너무 많이 들어가고 비효율적이다. 개인계정의 활성화를 통한 페이지의 확대와 그룹을 통한 커뮤니티 활동이 기본이다. 거기에 광고가 더해지면 더할 나위 없는 플랫폼을 구축할 수 있다.

타겟 마케팅에 최적화된 페이스북

과연 어떤 방식의 광고가 브랜딩에 가장 효과적일까? 제품이나 서비스를 만들고자 할 때 가장 먼저 정하는 것이 바로 타겟층이다. 이 제품과 서비스를 어떤 사람에게, 어떤 성별에게, 어떤 연령층에게 어필할지 정하는 것이 아마 가장 중요한 선결과제일 것이다. 물론 그중에 곁가지로 다른 계층이 포함될 수 있다. 하지만 크게 2가지로 나눈다면 성별과 연령이 가장 큰 선별 요소일 것이다. 가령 당신이 어필해야 하는 타겟층이 여성이고 연령대가 30대라면 광고할 때 타겟을 '여성', '30대'로 설정하면 된다. 이렇게 자신이 타겟팅한 사람들에게 제품과 서비스를 소개할 수 있다는 것은 분명 마케팅에서 큰 메리트다. 페이스북은 자신이 타겟팅한 잠재고객에게 광고를 도달할 수 있게 하는 정교한 알고리즘을 가지고 있다. 2천만 명에 달하는 국내 이용자 중 잠재고객을 찾아 광고를 노출할 수 있다는데 어느 기업에서 마다하겠는가.

⚙ 페이스북을 통해 2천만 명에 달하는 국내 이용자 중 잠재고객을 찾아낼 수 있다.

⚙ 페이스북 광고에서는 광고 집행 시 성별, 연령별 타겟 설정이 가능하다.

이용자와 연관된 모든 것을 연결하는 페이스북

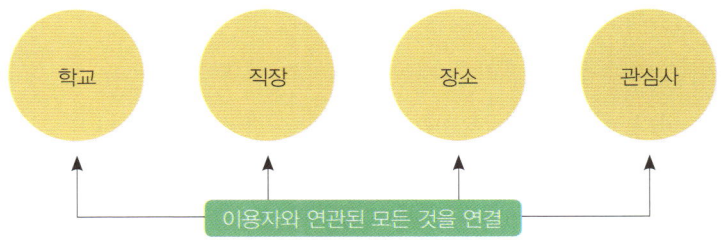

자료 : DMC미디어(2016년)

✪ 페이스북이 타겟 마케팅에 최적화된 이유는 이용자가 자진해서 자신의 정보를 제공하고 있기 때문이다.

　페이스북은 그 어떤 광고매체보다 타겟 마케팅에 최적화된 SNS다. 이러한 타겟 마케팅이 가능한 이유는 페이스북을 하는 사람들이 자신의 일상을 지나칠 정도로 페이스북에 많이 제공하고 있기 때문이다. 사람들은 자진해서 자신의 직장, 출신학교, 거주지, 방문한 장소, 좋아하는 스포츠, 좋아하는 영화 등 심지어는 연애 중인 상대까지도 친절하게 페이스북에 제공한다. 어떤 이는 집을 얼마에 샀으며, 얼마를 은행에서 빌렸고, 이자는 얼마라는 상세한 이야기까지 페이스북에 쓰기도 한다.

　또 페이스북에 게재하는 광고는 무료 광고 효과도 덤으로 얻을 수 있다. 회사에서 집행한 광고 게시물을 누군가가 공유하면 공유한 사람의 친구들에게까지 무료로 광고가 노출되기 때문이다. 그리고 광고를 통해 다양한 목표를 달성할 수 있다는 장점이 있다. 웹사이트 링크 클릭을 유도하는 것은 물론이고, 쿠폰 발행이나 페이지 홍보, 게시물 참여 유도 등 다양한 목표에 특화된 광고를 만들 수 있다.

최근에는 인스타그램이 새로운 타겟 마케팅 플랫폼으로 떠오르고 있는데, 인스타그램에 광고를 게재하기 위해서는 반드시 페이스북 광고 계정이 있어야 한다. 그리고 페이스북 광고와 병행할 때 더 큰 효과를 보기도 한다. 여러모로 페이스북 광고가 중요한 이유 중 하나다.

페이스북 마케팅의 4가지 장점

페이스북은 개인의 관심사 위주로 운영되는 알고리즘을 가지고 있기 때문에 그 어떤 광고보다 목표한 집단에 정확하게 도달할 수 있다. 물론 최근에는 과거보다 도달률이 떨어지는 추세를 보이지만 그렇더라도 타겟에 도달하는 알고리즘은 아직까지 정교함을 자랑한다. 그 정교함을 토대로 이루어지는 페이스북 광고는 크게 4가지 장점이 있다.

1. 높은 시장매력도

페이스북은 시장매력도가 높다. 페이스북을 자주 이용하는 사람들은 페이스북 광고를 통해 높은 확률로 해당 제품을 구매하는 경향을 보인다. 필자 또한 페이스북을 하면서 좋아하는 제품이나 도서 등이 있으면 자주 구매하고는 한다. 페이스북을 통해 소모하는 평균 구매금액은 대략 80.22달러라고 한다. 한화로 거의 9만 원을 상회하는 제품을 구매한다는 것인데 생각보다 높은 금액을 페이스북을 통해 지불하고 있다는 이야기다. 그 이유는 페이스북에서 구매하는 제품의 만족도가 높기 때문이다. 또 필자처럼 강의를 하는 사람들의 강좌나 각종 출판사의 책도

페이스북 마케팅의 4가지 장점

✿ 페이스북 마케팅은 정교한 도달률을 토대로 크게 4가지 장점이 있다.

판매가 많이 되고 있다. 페이스북은 본인이 수강한 강의나 읽었던 책을 지인들에게 추천하는 식의 포스팅이 많은 곳이다. 그래서 페이스북은 특히 미디어 업종이 뛰어들기 딱 좋은 SNS이기도 하다.

2. 나노타겟팅

페이스북은 나노타겟팅이 가능하다. 미국 백화점의 왕이라 불리는 존 워너메이커(John Wanamaker)는 "내가 광고에 쓴 돈의 절반은 헛되이 쓰였다. 그러나 문제는 어떠한 부분에 잘못 쓰인 것인지 알 수 없다는 점이다."라는 말을 했다. 그만큼 그 시기의 광고는 목표 집단에 도달하는 효율적인 광고가 아니라 그저 대다수의 대상을 상대로 무분별하게 집행되었다는 이야기다.

그러나 페이스북 광고는 광고주가 지역, 성, 나이, 교육, 직장, 결혼, 연애 상태, 관심사 등의 관심 키워드를 정교한 필터로 구분해 타겟팅할 수 있다. 그것을 하이퍼타겟팅(마이크로타겟팅)이라고 부른다. 이 하이퍼타겟팅이 가능한 이유는 앞서 언급했듯이 사람들이 자신의 정보와 관심사를 소셜네트워크 서비스에 직접 등록하고 공개했기 때문이다. 최근에 특정한 사람들만을 타겟으로 하는 세분화된 방법을 '나노타겟팅'이라고 부르기도 한다. 타겟들을 더 세분화한다는 의미에서 쓰이는 말이다.

3. 빠른 확산력

페이스북은 확산력이 빠르다. 콘텐츠가 좋으면 이용자들에 의해 빠르게 확산된다는 특징이 있다. 사람들은 자신이 보기에 좋은 것, 도움이 되는 것, 재밌는 것 등을 친구들에게 끊임없이 알려주는 습관을 보이는데 이를 공유라고 부른다. 널리 공유되는 콘텐츠에는 한 가지 공통점이 있다. 바로 높은 '유용성'이다. 유용하지 않은 콘텐츠는 이용자에게 공유되지 않는다. 콘텐츠는 공유되지 않으면 의미가 없다. 그래서 많은 기업들이 공유될 수 있는 콘텐츠 개발에 많은 시간과 비용을 투자하고 있는 것이다.

좋은 콘텐츠를 만들어낸다면 그 확장성은 어떤 매체보다 빠르다. 성공한 페이지에서 올리는 콘텐츠의 경우 보통 1만 회가 넘게 공유되는 경우가 비일비재하다. 그만큼 페이스북의 '공유하기'라는 버튼 하나로 퍼지는 확산력은 그 어느 매체보다 뛰어나다.

4. 빠른 피드백

페이스북은 마케팅 피드백이 빠르다. 페이스북에서 발행한 콘텐츠는 관심사가 비슷한 사람들에 의해 퍼지는 로직을 지니고 있어 확산되는 속도가 빠르고 광고주는 실시간으로 광고의 효과를 확인할 수 있다.

광고 전에 설정한 모든 부분의 통계를 보며 효과가 있는 부분과 효과가 떨어지는 부분을 즉각 수성해서 다시 집행할 수 있는 것이 바로 페이스북 광고의 장점이다. 광고 카피와 예산, 타겟, 사용한 이미지 등 모든 영역을 언제든 실시간으로 수정할 수 있다. 페이스북 광고는 한 번 집행하고 그것을 오랫동안 그냥 방치하는 것이 아니라 하루나 이틀 정도 집행한 후 광고 관리자에 들어가 수정·보완해 더 나은 방향으로 개선할 수 있다. 옥외 광고처럼 소비자의 반응을 파악할 수 없는 오프라인 광고와의 가장 큰 차이점이라 할 수 있다.

페이스북을 활용한 언드 미디어 시대의 도래

소셜미디어에도 그동안 많은 변화가 있었다. 초기에는 미디어를 구입해 광고를 했던 시대였다. 텔레비전 CF를 제작해 방송에 송출하던 시대를 '페이드 미디어(paid media)'라 부른다. 일정 비용을 지불해 소비자들에게 광고를 보여주는 미디어라는 뜻이다. 이 페이드 미디어는 이른바 대기업이나 마케팅 비용이 충분한 중견기업만이 활용할 수 있는 영역이었다. 그다음에 나타난 미디어가 '온드 미디어(owned media)'다. 미디어를 개인이 스스로 소유한다는 의미다. 최근에 "1인 미디어 시대의 도래"라는 말을 자주 쓰는데 여기서 이야기한 '1인 미디어'가 대표적인 온드 미디어다. 블로그와 카페, 웹사이트 등을 본인이 직접 운영하면서 개인 브랜딩을 한다는 의미로 해석하면 된다. 또 대기업뿐만 아니라 자본이 충분하지 않은 개인 사업자나 소상공인들이 운영하

마케팅 미디어의 종류

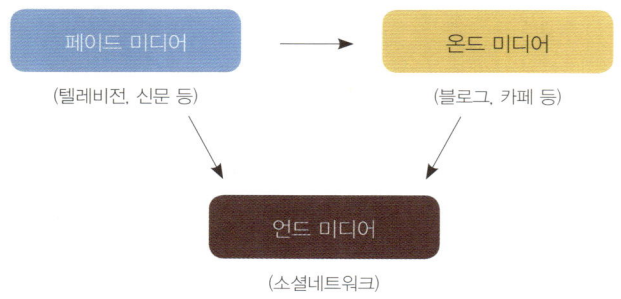

자료 : DMC미디어(2016년)

✿ 페이드 미디어와 온드 미디어 이후 소셜네트워크를 기반으로 한 언드 미디어 시대가 도래했다.

기에 가장 적합한 미디어로 대표적으로 파워블로거가 있다.

이후 새롭게 등장한 미디어가 바로 언드 미디어(earned media)다. 가장 대표적인 것이 지금 많은 사람들이 사용하고 있는 페이스북이다. 페이스북을 비롯해 트위터, 인스타그램, 카카오스토리 등이 대표적인 언드 미디어다. 언드 미디어의 특징은 이용자들의 입과 글을 통해 다른 사람들에게 전파되는 '공유'다. 바로 이 공유 기능 덕분에 광고비를 쓰지 않고도 많은 사람들에게 널리 퍼지는 바이럴 효과를 볼 수 있다. 현대인들의 손에 쥐어진 스마트폰을 통해 고객의 단체 채팅방이나 네이버밴드, 페이스북 친구들, 카카오스토리 친구들, 인스타그램 팔로워들 등에게 끊임없이 광고가 '공유'라는 이름으로 퍼지고 있다. 좋은 콘텐츠만 제공하면 그 파급효과는 엄청나게 커진다. 이러한 소셜네크워크를 통한 구전효과가 언드 미디어의 가장 큰 장점이다. 개인 사업자나 소상공인들이 좋은 콘텐츠를 발행해 부지런히 손가락을 움직여야 하는 이유기도 하다.

페이스북 뉴스피드에는 늘 새로운 정보가 친구들에 의해 올라온다. 놓치기 쉬운 고급 정보들이 끊임없이 업로드되는 뉴스피드는 보물창고 그 자체다. 포털사이트에 들어가 일일이 검색하지 않아도 뉴스피드는 취향에 맞는 새롭고 유용한 콘텐츠를 제공한다. 페이스북은 어떻게 개인의 관심사에 맞는 광고와 콘텐츠를 끊임없이 찾아오는 것일까? 그 비밀은 앞에서 잠깐 언급한 페이스북 광고 알고리즘에 있다.

숨어 있는 고객을 찾아주는 페이스북 광고 알고리즘

말했다시피 페이스북 광고는 꼭꼭 숨어 있는 잠재고객들을 찾아준다. 바로 개인의 관심사 데이터가 누적되어 있는 페이스북의 특성 때문이다. 페이스북 광고는 알고리즘을 바탕으로 광고주가 필요한 잠재고객들을 찾아내준다. 여기서 중요한 점은 잠재고객들에게 광고가 최소한 5~6번 정도는 노출되어야 구매할 확률이 커진다는 것이다. 그래서 자신이 집행한 광고가 잠재고객들에게 자주 노출될 수 있도록 전략을 짜는 것이 무엇보다 중요하다.

페이스북은 크게 3가지로 나눌 수 있다. 바로 자신의 프로필이 들어간 개인계정과 회사 홈페이지 개념인 페이지, 카페와 비슷한 개념인 그룹이다. 도표를 보면 개인계정과 페이지, 그룹의 특징을 쉽게 구분해서 이해할 수 있을 것이다. 개인계정은 친구 수 제한이 5천 명이고 페이지

페이스북의 개인계정, 페이지, 그룹의 특징

구분	개인계정	페이지	그룹
대상	개인	기업, 기관, 공인, 유명인	개인
목적	친목, 브랜딩	홈페이지 역할, 브랜딩	커뮤니티 역할, 제품 판매
친구 수 제한	5천 명	제한 없음	제한 없음
관계형성	친구 상호 수락	'좋아요' 클릭	'가입' 클릭
분석 툴	제공하지 않음	인사이트 제공(팬 30명 필요)	제공하지 않음
관리자	1명	복수 가능	복수 가능

와 그룹은 제한이 없다. 이처럼 페이스북은 콘텐츠가 퍼져나갈 다양한 창구와 목적에 따른 채널을 제공하는데, 페이스북에서 광고가 필요한 이유가 바로 이것이다. 각 개인계정의 친구들과 페이지의 팬들, 그룹의 회원들처럼 잠재고객이 무궁무진하게 숨어 있기 때문이다.

만일 필자가 자주 가는 곳이 대구고, 성별은 여자이며, 연령은 30대에서 50대 사이이고, 안드로이드 기기를 사용하고 있고, 축구와 여행을 좋아하고, 책에 관심이 많고, 기혼이라고 가정해보자. 필자가 페이스북을 즐겨한다면 이런 필자의 정보를 페이스북이 다 가지고 있을 확률이 굉장히 높다. 바로 이것이 페이스북 광고 알고리즘의 바탕이 된다.

최근에는 이런 면 때문에 많은 분들이 개인정보 유출을 걱정해 페이스북을 멀리하기도 한다. 그러나 페이스북의 설정에 들어가 자신의 개인정보를 모두 비공개로 설정하면 아무런 문제가 없다. 페이스북은 이용자가 작성한 프로필과 '좋아요'를 누른 페이지, 가입해 있는 그룹의 성격, 관심 있는 글에 누른 '좋아요' 등의 흔적을 모두 모아 빅데이터로 활용한다. 그 후 이용자가 관심을 가질 만한 정보를 선별해 제공하는 것이다.

여담이지만 필자가 강의할 때마다 늘 강조하는 부분이 있다. 개인계정으로는 소통을 통해 평판을 올려 브랜딩에 힘쓰고, 페이지로는 광고보다는 공감할 수 있는 콘텐츠를 올려 팬들에게 다가서고, 마지막으로 그룹을 통해 충성스런 고객을 관리하라는 것이다. 제품과 서비스를 판매하는 건 페이스북 광고를 활용하면 된다. 페이스북 알고리즘을 잘 활용하면 이렇게 다방면에서 마케팅이 가능하다.

SECTION ♥ 02

페이스북 페이지를 활용해야 하는 이유

다수의 기업들이 페이스북 마케팅에 적극적인 이유는 무엇일까? 개인 사업자든 작은 회사든 큰 회사든 규모에 관계없이 페이스북 페이지를 통해 회사의 가치를 올릴 수 있기 때문이다. 페이스북 페이지는 회사 홈페이지 개념으로 생각하면 이해하기 쉽다. 페이스북에서 광고를 하려면 반드시 페이지 계정이 필요하기 때문에 페이스북 마케팅을 위해서는 페이지 운영이 수반되어야 한다.

페이스북에서 제품을 홍보한다고 할 때 개인계정은 한계가 뚜렷하다. 페이스북 광고를 진행할 수도 없고, 댓글과 답글 등을 개인의 이름으로 피드백해야 하기 때문에 고객에게 신뢰를 주기도 힘들다. 반면에 페이지는 개인의 이름으로 움직이는 것이 아니라 페이지의 이름으로 운영된다는 장점이 있다. 개인의 이름이 아닌 페이지명으로 운영되므로 회사의 브랜드를 널리 알리는 데도 도움이 된다.

충성고객을 만드는 페이지의 영향력

페이지의 콘텐츠를 구독하는 팬들은 자의로 팬이 되는 경우가 많다. 즉 충성도가 높다는 이야기다. 꾸준한 활동으로 수십만 명의 충성도 높은 팬들이 생긴다면 그들에 의해 공유되는 콘텐츠의 확산력은 상상 이상일 것이다. 이것이 바로 페이지가 갖는 영향력이다.

페이스북 페이지에 쓴 게시물은 개인계정 친구들에게 노출되는 것이 아니라, 페이지에 '좋아요'를 누른 사람들의 뉴스피드에 노출된다. 페이지에 '좋아요'를 누른 사람을 페이지에서는 '팬'이라고 부른다. 서로 동의를 얻어 관계를 맺는 개인계정의 '친구'와는 다른 개념이다. 친구와 달리 팬은 일방적인 관계이므로 페이지에서는 좋은 콘텐츠를 발행하는 것이 무엇보다 중요하다. 페이지의 팬이라고 해서 모든 게시물에 '좋아요'를 누르는 것은 아니기 때문이다. 팬의 입장에서는 콘텐츠가 나에게 유용해야 '좋아요'를 누르게 되고 '공유하기'를 누르게 된다. 그래서 페이지는 팬들에게 유익한 정보성 콘텐츠를 발행해야 파급력이 생긴다. 또 주의해야 할 점은 페이지에 광고 게시물을 너무 많이 올리지 말아야 한다는 것이다. 쉽게 팬들에게 외면당할 우려가 있기 때문이다.

맛집을 운영한다면 맛집 페이지를 운영할 수 있고, 지식을 파는 업종

● 대표적인 맛집 페이지 '맛집 연구소'. 페이지는 회사의 홈페이지 같은 역할을 한다.

의 경우 교육에 대한 페이지를 운영할 수 있다. 이렇듯 페이지는 회사의 브랜딩을 위해 꼭 필요한 창구다. 페이지는 팬 수의 제한이 없기 때문에 콘텐츠가 차별화되고 유용하다면 수십만 명에서 수백만 명까지 팬을 확보할 수 있다. 실제로 다양한 맛집을 콘텐츠로 소개하는 '맛집 연구소' 페이지는 약 19만 명의 팬을 확보하고 있다. 이처럼 콘텐츠만 좋다면 제한 없이 충성고객을 늘릴 수 있어 기업의 입장에서 페이지는 공들여 투자할 만한 플랫폼이다. 그래서 현재 많은 기업들이 페이스북 마케팅을 위해 직원들에게 교육과 투자를 아끼지 않고 있다.

필자의 페이스북 강연에도 유명 회사의 직원들이 참여하는 경우가 많으며, CEO들 역시 마케팅의 흐름을 파악하기 위해 강의를 듣는다. 또 전 직원이나 관련 부서 직원들을 교육하기 위해 필자를 초빙하기도 한다. 페이스북 광고를 집행하려면 페이지가 반드시 있어야 하기 때문에 직원을 대상으로 한 강연에서는 이 부분을 중점적으로 다룰 수밖에 없다. 광고는 숨어 있는 잠재고객들을 찾아내는 가교 역할을 한다. 제품을 하나라도 더 팔아 이윤을 남기는 것이 기업의 생존 목적인 이상 네이버 키워드 광고보다 효율이 좋고 훨씬 저렴한 페이스북 마케팅을 무시할 수 없을 것이다. 그래서 페이스북 페이지는 기업에게 꼭 필요한 플랫폼이다.

구글과 네이버에 노출되는 페이지

페이지는 구글과 네이버 웹문서 영역에서 검색되는 장점도 있다. 특히 구글에서는 더 광범위하게 페이스북 페이지의 게시물이 많이 노출된다. 최근 페이스북의 알고리즘에 변화가 있었는데 페이지에서 활발한 소통이 없으면 게시물의 도달률, 즉 노출될 확률이 현저하게 떨어진다는 점이다. 그렇기 때문에 페이지 게시물의 질이 매우 중요해졌다. 그리고 네이버 역시 최근 개편으로 사이트 영역과 웹문서 영역을 통합해 '웹사이트'라는 이름으로 운영하기 시작했는데, 이 영역에 검색되는 것이 바로 페이지의 게시물이다. 구글은 세계 최대의 검색엔진이고, 네이버는 국내 최대의 검색엔진이다. 이 두 포털사이트에 노출되는 것만으로도 페이지는 충분히 운영할 가치가 있다.

글로벌한 시장을 개척하려는 기업이라면 구글 검색에서 쉽게 노출될 수 있게 페이스북을 활성화시켜야 한다. 외국의 경우 네이버보다 당연히 구글 검색을 애용하기 때문이다. 이때 철저하게 검색 알고리즘을 숙지한 후 콘텐츠를 발행해야 한다. 또 꾸준히 좋은 콘텐츠를 발행해야 더

⚙ '한국SNS마케팅연구소'를 각각 네이버(왼쪽)와 구글(오른쪽)에서 검색한 결과

많은 사람들에게 알려지기 때문에 콘텐츠의 질을 위해 시간과 아이디어를 투자해야 한다. 그리고 모바일 기기를 사용하는 이용자들을 위해 너무 많은 텍스트와 이미지, 긴 시간의 동영상은 지양해야 한다. 작고 가벼운 모바일의 특성에 맞는 콘텐츠를 끊임없이 찾아내고 개발해 팬들의 욕구를 충족시켜야 한다.

페이지의 성공 여부는 결국 콘텐츠

인기 있는 페이지에는 공통점이 있다. 공감이 가는 콘텐츠를 많이 발행한다는 것이다. 반대로 인기 없는 페이지는 공감도 재미도 없는 게시물을 발행하는 경우가 많다. 이렇듯 독자들은 자신에게 유익하고 공감할 수 있는 이야기를 보고 싶어 한다.

페이지에서 발행한 콘텐츠가 자신에게 도움이 되는 게시물이라면 이용자들은 새로운 게시물이 올라오는 날을 기다리게 될 것이다. 그리고 공감이 가는 콘텐츠라고 생각하면 자신의 친구들에게 보여주기 위해 '공유하기' 버튼을 누를 것이고, 공유를 통해 해당 이용자의 지인들에게까지 콘텐츠가 노출될 것이다. 그렇게 공유된 콘텐츠는 다시 지인의 지인들에게 퍼져나간다. 결국 관건은 공유인 것이다.

◎ 사람들은 좋은 콘텐츠를 친구들에게 보여주기 위해 '공유하기' 버튼을 누른다.

사람들에게 공유되어 퍼지지 않는 콘텐츠는 광고 효과가 미미하기 때문에 콘텐츠로서의 가치가 없다.

　기업에서 중요하게 생각할 것은 콘텐츠를 발행할 때 반드시 공유가 될 수 있는 좋은 스토리를 담아내는 것이다. 개인 사업자든 중소기업 사업자든 결국 모든 기업이 바라는 1차 목표는 회사에서 만든 플랫폼에 사람이 많이 모이는 것이다. 그러기 위해서는 플랫폼에 방문한 사람들에게 늘 끊임없이 무언가를 제공해주고, 궁극적으로 그들끼리 플랫폼 안에서 서로 소통할 수 있도록 유도하는 것이 가장 중요하다. 플랫폼이 활성화되면 자연스레 공유도 더 늘어난다.

페이스북으로 플랫폼을 구축하자

왜 페이스북을 통해 플랫폼을 구축하는 것이 중요할까? 플랫폼을 통해 사람들을 모아 잠재고객을 광범위하게 확보할 수 있기 때문이다. 페이스북 이용자들은 페이스북을 통해 페이지의 글을 구경하고, 위로를 받고, 그들의 글에 댓글을 달며 소통한다. 뉴스피드 중간에 보이는 광고에서 관심이 가는 콘텐츠를 발견하면 클릭을 해서 정보를 얻고, 내가 '좋아요'를 누른 페이지에 들어가 유용한 콘텐츠가 있다면 공유를 통해 친구들에게 소개한다. 플랫폼은 기차나 버스 승강장 외에도 다양한 상품을 판매하거나 판매하기 위해 공통적으로 사용하는 기본 구조, 즉 사람들이 많이 모여 비즈니스가 이루어지는 곳을 의미한다. "사람이 많이 모이는 곳에서는 반드시 비즈니스가 일어난다."라는 말이 있다. 그래서 페이지의 역할이 중요한 것이다. 그렇다면 어떻게 해야 사람을 많이 모으고 플랫폼을 구축할 수 있을까?

페이지로 플랫폼을 구축할 때 가장 중요한 요소가 있다. 불특정 다수의 사람들이 자꾸 들어오고 싶어 하는 공간을 만드는 것이다. 물론 모든 연령층과 성별을 다 만족시킬 수는 없다. 그럴 수 있다면 더할 나위 없이 좋겠지만 그것이 힘들 때는 특정 연령층이나 성별, 직업 등 한 계층만을 타겟으로 삼는 전략이 효율적이다. 결국 플랫폼은 사람을 모으는 공간이다. 사람이 모이려면 그들에게 끊임없이 무언가를 제공해야 한다. 그래야 그들이 플랫폼을 떠나지 않고 오랜 시간 머물면서 다른 친구들을 초대하거나 해당 콘텐츠를 자신의 개인계정에 공유하는 식으로 퍼트리게 된다. 플랫폼은 거대한 네트워크를 형성하면서 사람과 사람을

✪ 플랫폼은 거대한 네트워크를 형성하면서 사람과 사람을 이어주는 역할을 한다.

이어주는 역할을 한다.

　사람은 자신의 관심사로 움직이고, 자신에게 조금이라도 손해가 되거나 혹은 이익이 없으면 가차 없이 다른 곳으로 이동한다. 그 장소에 머물 이유를 찾지 못하면 바로 떠나버리는 것이다. 그 중심에 바로 '가치(머물 이유)'라는 것이 있다. 사람을 모을 수 있는 콘텐츠라는 가치를 준비하고, 그 가치를 어디에, 어떻게, 누구에게 풀어야 할지 생각해보자.

SECTION ♥ 03

변화된 뉴스피드 알고리즘과 광고 정책

최근 페이스북 뉴스피드 알고리즘이 업데이트되었다. 뉴스피드에 페이스북 친구들의 포스팅이 더 많이 노출되는 방향으로 바뀐 것이다. 이렇게 페이스북의 알고리즘이 바뀔 때마다 가장 큰 타격을 받는 건 역시 페이지를 운영하는 운영자들이다. 뉴스피드에 노출되는 도달률과 직결되는 부분이기 때문이다. 뉴스피드 책임자 아담 모세리(Adam Mosseri)는 "뉴스피드의 목표는 사람들에게 그들과 가장 관련 있는 스토리들을 보여주는 것이다."라고 말했다. 즉 관련 없는 콘텐츠는 배제된다는 것이다. 페이스북 마케팅 및 운영에서 가장 중요한 키워드가 바로 이 '관련 있는(relevant)' 콘텐츠다.

광고 도달률을 결정하는 뉴스피드 알고리즘

뉴스피드 알고리즘이 페이스북 친구들의 포스팅을 더 우선시하게 된 이유는 무엇일까? 비즈니스 페이지가 매년 증가하면서 페이지 광고 매출이 분기마다 크게 늘어났기 때문이다. 무분별하게 광고만 쏟아지는 상황을 예방하고자 사전에 페이스북이 친구들의 포스팅을 더 많이 뉴스피드에 노출하겠다고 발표한 것이다. 이는 기업들의 페이지에 큰 타격을 줄 수 있는 부분이다. 이전보다 페이지의 게시글이 잠재고객에게 노출될 확률이 떨어질 수 있기 때문이다.

이번 업데이트로 페이스북은 페이지에 랭킹을 적용해 뉴스피드에서의 노출 정도를 정한다고 한다. 페이지 게시글에 팬들의 참여가 적으면 페이지 랭킹이 떨어지므로 뉴스피드에 노출되는 횟수가 줄어든다. 그리고 랭킹이 떨어지면 당연히 팬들의 참여도 더 적어질 것이다. 이런 악순환으로 이어지는 일을 막기 위해 기업들이 광고비를 더 올릴 수밖에 없는 상황이 발생했다. 그래서 일각에서는 페이스북의 이번 뉴스피드 알고리즘 변화가 광고 매출을 올리기 위한 꼼수가 아닌가 하는 의심을 하고 있다.

결국 알고리즘과 상관없이 페이지의 운영자는 콘텐츠로 승부해야 한다. 페이스북 이용자들은 그들의 뉴스피드에 유용한 정보들이 올라오기를 기대하는데, 기업들이 페이지에서 이런 욕구를 충족시켜줘야 한다. 그러기 위해서는 포스팅에 이용자들이 좋아할 만한 의미 있는 스토리를 담아내야 한다. 사회에서 일어나는 관심사나 특정 분야에 대한 전문적인 지식을 읽기 쉽게 발행한다면 최근 일어난 알고리즘의 변화가 꼭 그렇게 나쁜 것만은 아닐 것이다. 친구들의 게시물이 뉴스피드에 먼저 노출된다는 말은 그들이 '공유'한 콘텐츠가 더 잘 퍼져나갈 수 있는 환경이 조성됐다는 뜻이기도 하다. 즉 양질의 콘텐츠로 사람들의 관심을 이끌어낸다면 이전보다 더 큰 효과를 볼 수도 있다.

··· 양질의 콘텐츠로 유기적 도달률을 높이자

최근 필자가 페이스북 스폰서 광고를 할 때 느끼는 것은 과거와 비교했을 때 같은 비용의 광고여도 예전과 같은 도달률이 나오지 않는다는 것이다. 뉴스피드 알고리즘이 바뀌었기 때문일까? 그럴 수도 있지만 이유는 따로 있다. 바로 필자가 운영하는 페이지의 팬 수가 점점 더

팬 수에 따른 유기적 도달률의 차이

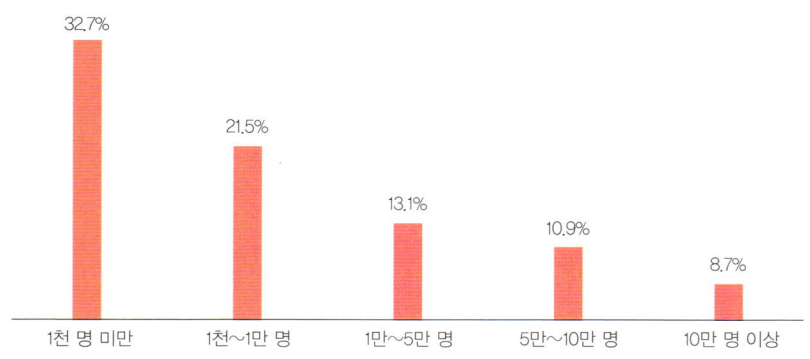

자료: barometer.agorapulse.com

◉ 팬 수가 늘어날수록 유기적 도달률은 큰 폭으로 떨어지고 있다.

늘어나고 있기 때문이다. 다음은 팬 수에 따른 유기적 도달률의 차이를 보여주는 그래프다.

　광고 없이 유기적으로 팬들에게 게시물이 도달하는 비율은 팬의 수가 1천 명 미만일 때 32.7%, 1천~1만 명일 때 21.5%, 1만~5만 명일 때 13.1%, 5만~10만 명일 때 10.9%, 10만 명 이상일 때 8.7% 정도라고 한다. 즉 팬 수가 늘어날수록 광고 없이 게시글이 노출될 확률은 줄어드는 것이다. 유기적 도달이란 광고 없이 순수하게 콘텐츠만으로 팬들에게 게시물이 도달되는 것을 말한다. 팬이 많으면 많을수록 유기적 도달률은 떨어지게 되므로 무작정 광고비를 들여 사람을 모으는 데 집중할 필요는 없다. 어느 정도 팬 수가 늘어나면 더 이상 숫자에 연연하지 말고 양질의 콘텐츠 생성에 집중해 잠재고객을 확보하도록 하자.

스폰서 광고는 어떻게 바뀌었을까?

　2018년 2월에 개편된 '광고 관리자'는 기존에 있던 여러 항목이 없어지고 더 간편하게 구성됐다. 제일 눈에 띄는 부분은 광고를 많이 하는 쇼핑몰 업체들이 사용하는 '파워에디터' 메뉴가 없어졌다는 점이다. 없어진 '파워에디터'가 '광고 만들기' 메인화면으로 옮겨가 바로 실행할 수 있도록 바뀌었다.

　자산 카테고리에서 자주 사용하는 메뉴인 '타겟'은 그대로인데, 같은 카테고리에 있었던 '픽셀'은 '측정 및 보고' 메뉴로 편입됐다. 이 부분은 필자의 생각에도 이렇게 바뀌는 것이 맞는 것 같다. 픽셀은 어떤 광고를

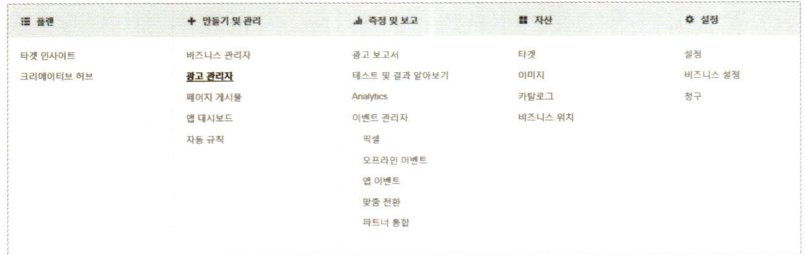

⚙ 개편된 광고 관리자. 파워에디터 메뉴가 없어졌고 픽셀의 카테고리가 바뀌었다.

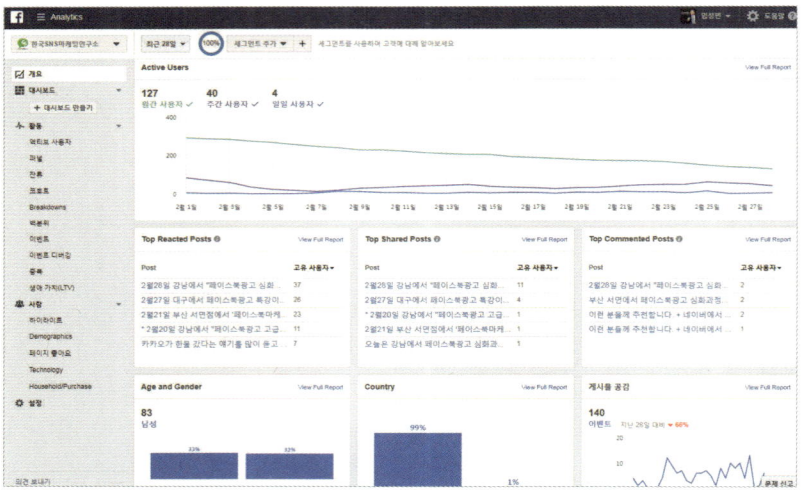

⚙ 'Analytics' 화면. 광고주들의 편의를 위해 통계 분석표를 제공하고 있다.

통해 얼마나 많은 이용자가 유입되었는지 확인하는 등 추적의 기능이 있어 측정의 영역이기 때문이다. 그리고 이 밖에 명칭이 바뀐 부분이 있지만 기능면에서는 큰 차이가 없으므로 넘어가기로 하겠다.

 이번 업그레이드로 향상된 기능 중 눈여겨볼 것은 '측정 및 보고'에서

🛠 크리에이티브 허브는 동영상 광고를 모의로 만들어보고 수정할 수 있는 서비스다.

'Analytics'가 생겼다는 점이다. 구글애널리틱스와 비슷한 통계를 제공하고 있어 유입된 팬들의 흐름을 어느 정도 유추할 수 있게 됐다. 네이버애널리틱스, 구글애널리틱스, 페이스북애널리틱스 등 최근 광고주들을 위해 통계 분석표를 제공하는 서비스가 늘어나고 있다. 그만큼 광고주들에게 편의를 제공하고 있는 것이다. 구글애널리틱스처럼 통계를 통해 인사이트를 얻을 수 있어 매우 중요한 메뉴다.

최근 페이스북이 동영상 콘텐츠를 많이 사용하도록 권장하는 정책을 펴고 있는데 그 이유는 동영상 광고 시 이용자들의 참여도가 높게 나오기 때문이다. 메뉴 중 '크리에이티브 허브'를 클릭하면 동영상 광고를 모의로 만들어보고 수정할 수 있는 서비스를 이용할 수 있다. 동영상 광고를 조회한 이용자들을 맞춤타겟으로 활용할 수 있어 영상 호응도가 좋은 업체들에게는 추천할 만한 기능이다.

맞춤타겟이 확장되다

이번 스폰서 광고 업그레이드로 맞춤타겟을 활용할 수 있는 범위가 더 넓어졌다. 광고를 보고 반응한 이용자들을 모아 따로 맞춤타겟을 만든 후, 유사타겟으로 확장시켜 차후 충성고객으로 만들 수 있게 된 것이다. 또한 리타겟팅을 통해 광고를 반복 노출할 수 있어 구매 전환이 용이해졌다. 이러한 일련의 과정을 클라이언트에게 제공하는 기능이 서비스되고 있다.

스폰서 광고 업그레이드로 타겟층을 더 세분화할 수 있게 되었다.

페이스북 광고는 광고에 반응한 이용자를 추적하는 것이 제일 중요하기 때문에 유의미한 변화라 할 수 있다. 맞춤타겟을 잘 활용하면 더 많은 잠재고객을 추적할 수 있다.

타겟 메뉴에서 '맞춤타겟 만들기'를 선택하고, '참여'를 누르면 '동영상', '잠재 고객용 양식', '캔버스', 'Facebook 페이지', 'Instagram 비즈니스 프로필', '이벤트' 항목이 나온다. 거의 모든 부분에서 이전보다 업그레이드되었다. 기존과 동일한 'Facebook 페이지'를 제외한 나머지 항목들에 대해 알아보자.

① **동영상**

동영상은 '내 동영상을 3초 이상 조회한 사람', '내 동영상을 10초 이상 조회한 사람', '내 동영상을 25% 이상 시청한 사람', '내 동영상을 50% 이상 시청한 사람', '내 동영상을 75% 이상 시청한 사람', ' 내 동영상을 95% 이상 시청한 사람'으로 나뉘어져 있어 더 세분화할 수 있게 바뀌었다.

❂ 동영상의 경우 5가지 방법으로 타겟층을 세분화할 수 있게 되었다.

② **잠재 고객용 양식**

'잠재 고객용 양식' 역시 '이 양식을 연 사람', '양식을 열었으나 제출하지 않은 사람', '양식을 열었으며 제출한 사람'으로 좀 더 타겟층을 정교화할 수 있게 되었다.

✸ 잠재 고객용 양식은 3가지 방식으로 타겟층을 정교화할 수 있게 되었다.

③ 캔버스

캔버스 광고는 '캔버스를 연 사람'과 '캔버스의 링크를 클릭한 사람'으로 나누어졌다.

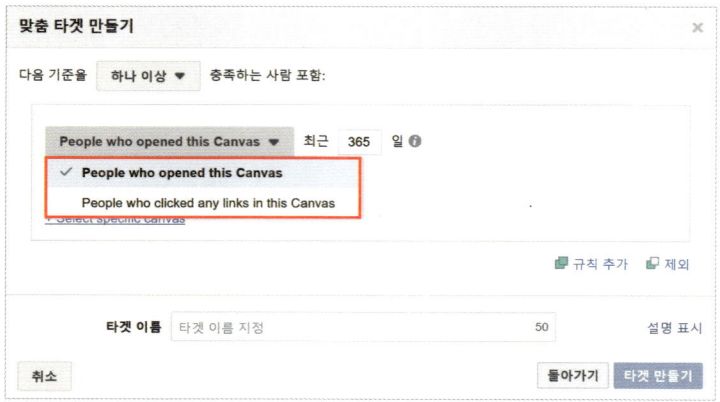

✸ 캔버스 광고는 '캔버스를 연 사람'과 '캔버스 링크를 클릭한 사람'으로 나뉘어졌다.

④ Instagram 비즈니스 프로필

인스타그램은 총 5가지 방식으로 타겟층을 세분화할 수 있는데 '비즈니스에 참여한 모든 사람', '비즈니스 프로필을 방문한 모든 사람', '게시물이나 광고에 참여한 사람', '비즈니스 프로필에 메시지를 보낸 사람', '게시물이나 광고를 저장한 사람'이다. 패션·뷰티 관련 업종의 경우 인스타그램에 반응한 유저들을 대상으로 맞춤타겟 광고를 하면 좋은 효과를 이끌어낼 수 있다.

⚙ 인스타그램은 5가지 방식으로 타겟층을 세분화할 수 있다.

⑤ 이벤트

이제 페이지의 이벤트를 보고 반응한 이용자들을 대상으로도 맞춤타겟팅이 가능해졌다. 이벤트는 이번에 새로 추가된 항목이다. 회사 페이지를 선택한 후 '관심이나 반응이 있었던 사람들', '이벤트에 참여한 사

⚙ 이벤트에 반응한 이용자들을 대상으로도 맞춤타겟팅이 가능해졌다.

람들', '이벤트에 관심을 보였던 사람들' 3가지 방식으로 타겟층을 세분화할 수 있다. 페이지에서 맞춤타겟을 만들고자 하는 이벤트 포스팅을 선택해 맞춤타겟을 만들면 된다. 이렇게 만든 맞춤타겟으로 광고를 진행할 수 있다.

이렇게 페이스북 측에서 스폰서 광고에 맞춤타겟을 확대한 이유는 자신의 광고에 반응을 보인 이용자들을 잘 활용하라는 뜻이다. 지속적으로 회사의 서비스와 제품을 계속 보여준다면 결국에는 이들이 충성 고객이 될 것이다. 자세한 광고 집행 과정에 대해서는 이후 'Part 3. 실전 페이스북 광고 활용법'에서 다루도록 하겠다.

FACEBOOK MARKETING

SECTION ♥ 01

페이스북 페이지 개설 및 활용법

스마트폰이 없으면 불안함을 느낀다는 노모포비아(nomophobia)라는 신조어가 생길 만큼 현대인은 스마트폰을 손에서 놓지 않는다. 24시간 중 자는 시간을 제외하면 5인치의 작은 화면을 보느라 하루를 다 소비한다고 해도 과언이 아닐 정도다. 이에 힘입어 모바일 시장이 빠르게 확대되고 있고, 페이스북 페이지 또한 거대한 플랫폼을 형성하면서 페이스북 마케팅의 근간이 되고 있다. 이번 섹션에서는 페이지를 개설하는 방법과 이미지 사이즈를 설정하는 방법, 그리고 페이지를 활용하는 방법에 대해 알아보고자 한다.

페이지를 개설해 잠재고객과 소통하자

홈페이지로 활용이 가능한 페이지는 회사의 소식을 알리는 플랫폼으로 운영하거나, 사람들의 공감을 살 수 있는 콘텐츠를 발행해 팬을 모으는 방법으로 운영할 수 있다. 지금부터 페이지 개설 방법을 차례대로 살펴보자.

페이지를 개설하기 위해 개인계정에서 '설정'에 들어가 '페이지 만들기' 메뉴를 클릭한다. 그러면 6가지의 카테고리가 나오는데 하나를 선택해 개설하면 된다. 개설 과정은 동일하므로 여기에서는 카테고리 중 첫 번째인 '매장 또는 장소'를 선택하겠다.

※ 6가지 유형의 카테고리 중 하나를 선택해 페이지를 개설할 수 있다.

'매장 또는 장소'를 선택하면 기본 정보를 기입할 수 있다. 페이지 이름을 적고 업종과 전화번호, 우편번호, 지역, 상세주소를 적으면 된다. 전화번호 입력은 선택 사항이지만 매장의 위치가 중요한 업종이라면 반드시 주소와 함께 기재하는 것을 추천한다. 예약이나 문의 전화를 받기 위해서라도 꼭 필요한 사항이다.

회사 페이지를 운영하려면 회사 이름을 쓰면 되고, 공감할 수 있는 콘텐츠를 발행하려면 해당 콘텐츠를 아우를 수 있는 이름을 정하는 것이 좋다. 예를 들어 요식업과 관련된 페이지라면 앞에서 언급했던 '맛집 연구소'와 같이 직관적으로 이름을 짓는 것도 좋다. 우선 예시로 페이지 이름을 '발라발라'로 적겠다. '시작하기' 버튼을 클릭한다.

'페이지 만들기' 메뉴에서 카테고리를 선택하면 기본 정보를 기입할 수 있다.

⚙ '시작하기'를 누르면 소개글을 작성하는 창이 나온다.

    '시작하기'를 누르면 페이지에 대한 소개글을 작성하는 창이 나온다. 아래 URL을 적는 칸에는 페이지 이름을 영어로 작성하는 것이 좋다. 중복 URL이라면 사람들이 쉽게 검색할 수 있도록 유사한 뜻의 영단어를 쓴 뒤 '정보 저장'을 클릭한다. 페이지를 대표할 수 있는 키워드를 활용하면 된다. 당장 소개글 등이 생각나지 않으면 그냥 '건너뛰기'를 선택하면 된다. 소개글은 언제든지 수정이 가능하다.

    다음으로 넘어가면 페이지를 대표하는 이미지를 선택하는 창이 나온다. '컴퓨터에서 업로드'를 선택해 사진을 가져오면 된다. 단, 이미지를 선택할 때는 페이지를 대표할 수 있는 눈에 띄는 사진을 선택하는 게 좋다. 이미지 하나만으로도 사람들의 공감을 이끌어낼 수 있기 때문이다. 이미지만 잘 선택해도 소개글에 구구절절 페이지 소개를 늘어놓지 않아도 된다.

    이미지를 삽입한 후 '즐겨찾기에 추가' 버튼을 누르면 이후 쉽게 방문

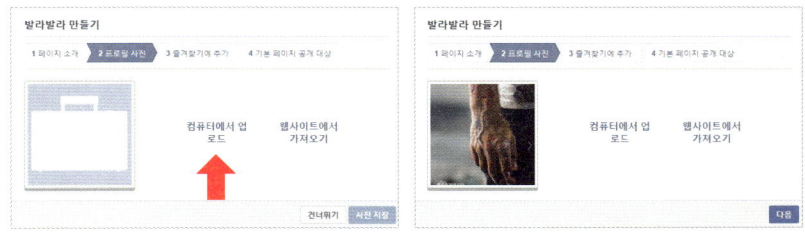

⚙ '컴퓨터에서 업로드'를 누르면 컴퓨터에 저장된 사진을 가져올 수 있다.

⚙ 즐겨찾기에 추가하면 페이지에 언제든지 쉽게 방문할 수 있게 된다.

할 수 있게 된다. 뉴스피드 페이지에 지금 만든 페이지가 바로가기 기능처럼 나오게 된다. 보통 업무의 일환으로 페이스북 페이지를 운영하는 경우에는 1~2개 정도의 페이지를 이용한다. 하지만 조금 더 전문화되고 다양한 페이지를 운영하게 되면 즐겨찾기에 추가하는 기능이 반드시 필요해진다. '언제든지 쉽게 엑세스할 수 있도록 페이지를 추가하세요.'라는 문구로 해당 기능을 안내하는 연유도 그 때문이다.

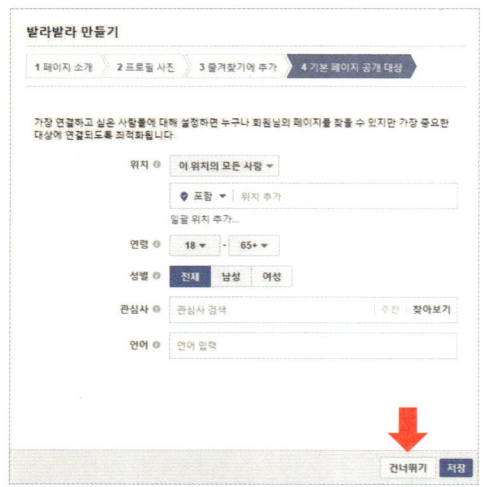

✿ '기본 페이지 공개 대상' 설정은 광고에 대한 영역이므로 넘어가도 된다.

　그다음 '기본 페이지 공개 대상'으로 넘어간다. 다음 페이지는 타겟층을 선택하는 광고에 대한 영역이므로 작성하지 않고 넘어가도 좋다. 그냥 '건너뛰기'를 선택하게 되면 이제 페이지가 만들어진다. 타겟층 설정에 대한 부분은 'Part 3. 실전 페이스북 광고 활용법'에서 자세히 다루도록 하겠다.

　페이지가 생성되면 페이지 메인이 나오는데, 이제 커버 사진을 설정할 수 있다. '커버 추가' 버튼을 누르고 '사진 업로드'를 선택해 페이지를 대표하는 이미지를 넣는다. 커버 사진의 사이즈는 가로가 851px(약 23cm)이고 세로가 315px(약 8cm)이며, 프로필 사진은 가로와 세로 동일하게 180px(약 5cm)로 작업하면 된다.

🔅 페이지가 생성되면 커버 사진을 설정할 수 있다.

페이지 개설 후 친구 초대하기

페이지에 쓴 게시물은 과연 누가 보게 되는 걸까? 운영자 개인계정 친구들에게 노출되는 걸까? 페이지에 쓴 게시물은 개인계정 친구들에게 보이는 것이 아니라, 페이지에 '좋아요'를 누른 팬들의 뉴스피드에 노출되는 구조다. 페이지를 만든 다음 아무리 글을 올려도 팬이 없다면 아무도 볼 수 없다. 그렇기 때문에 페이지를 만들면 팬이 될 수 있는 친구를 초대해야 한다. 이때 이용하는 것이 초대 기능이다.

페이지에 쓴 게시물이 다른 사람들에게 노출되기 위해서는 페이지에 친구들을 초대해 '좋아요' 버튼을 눌러달라고 요청해야 한다. 페이지 메인에 보면 오른쪽 중간에 '친구들에게 페이지 좋아요를 요청해보세요'라는 메뉴가 보일 것이다. 그 버튼을 누르게 되면 개인계정의 친구 목록이 뜬다.

여기서 '초대'를 누르게 되면 해당 친구에게 알림이 가고, 초대를 받

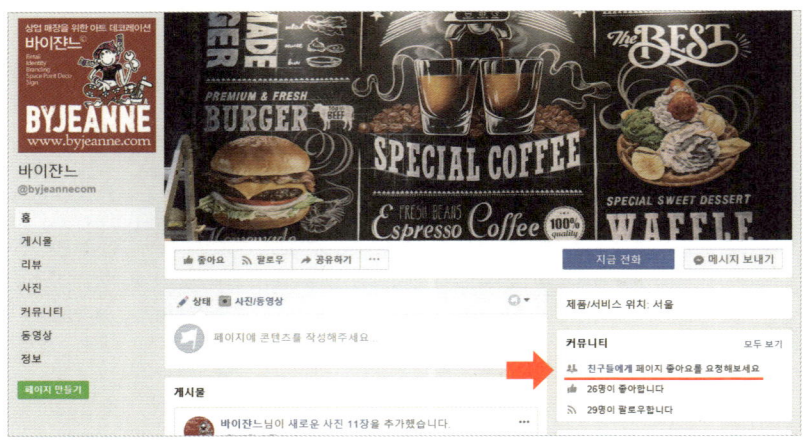

⚙ 원하는 페이지에서 친구들에게 '좋아요'를 눌러달라고 요청할 수 있다.

은 친구들이 해당 페이지에 방문하게 된다. 그렇게 방문한 친구들이 페이지 메인에서 '좋아요' 버튼을 누르면 그 친구는 내가 만든 페이지의 '팬'이 되는 것이다. 팬은 개인계정에서의 친구와는 개념이 조금 다르다. 개인계정 친구는 5천 명으로 그 수가 제한되어 있지만 페이지의 팬은 제한이 없다. 일종의 구독자 개념으로 생각하면 이해하기 쉬울 것이다. 팬이 많아지는 만큼 해당 페이지의 파급력과 영향력은 커진다.

그러나 여기에서 주의해야 할 점이 있다. 페이지를 만든 후 바로 친구 초대를 누르면 안 된다는 것이다. 페이지에 친구들이 방문했을 때 아무런 콘텐츠가 없거나 있는 콘텐츠마저 광고·홍보용 게시물이 전부라면 많은 사람을 초대하더라도 팬을 늘리기는 힘들다. 친구에게 페이지 '좋아요' 요청을 하기 전에 먼저 좋은 콘텐츠를 많이 발행한 다음 친구를 초대해도 늦지 않다.

만약 회사용으로 페이스북 계정을 새로 만들었다면 당연히 해당 계정에는 친구가 없을 것이다. 그래서 페이지를 만들어도 앞의 경우처럼 개인계정을 활용해 친구들을 초대할 수가 없다. 이런 이유로 페이스북은 개인계정의 활동이 절대적으로 필요하다. 물론 마케팅 비용을 들여 스폰서 광고를 통해 '좋아요'를 누른 팬들을 일일이 찾아가 친구 신청을 하는 방법도 있다. 그러나 이런 방법은 늘 비용을 들여 유료 광고를 통해 친구를 만들어야 한다는 단점이 있다. 결국 페이스북의 가장 좋은 운영 방법은 페이스북 관리자나 혹은 공동 관리자가 자신의 개인계정 활동을 활발히 하면서 동시에 페이지를 운영하는 것이다.

페이지의 성공은 콘텐츠에 달려 있다

강조하지만 공유되지 않는 콘텐츠는 콘텐츠로서의 가치가 없다. 즉 다른 사람들에게 공감을 불러일으키고 유용한 콘텐츠가 아니면 의미가 없다는 말이다. 개인계정과 페이지에 적합한 콘텐츠는 성격이 조금 다르다. 개인계정이 일상 위주로 소통을 하는 영역이라면, 페이지는 팬들에게 유용한 정보를 제공하는 것이 목적이어야 한다. 필자 역시 개인계정의 포스팅은 일상 위주로 소통의 역할을 하는 반면 페이지의 포스팅은 유용한 정보를 주로 다루고 있다. 다음의 두 사진은 필자의 페이스북 개인계정에 올린 포스팅과 페이지에 올린 포스팅이다.

그렇다면 과연 어떤 콘텐츠가 좋은 콘텐츠일까? 좋은 콘텐츠란 내가 발행한 포스팅을 본 사람들이 자진해서 다른 사람들에게 공유하게 만

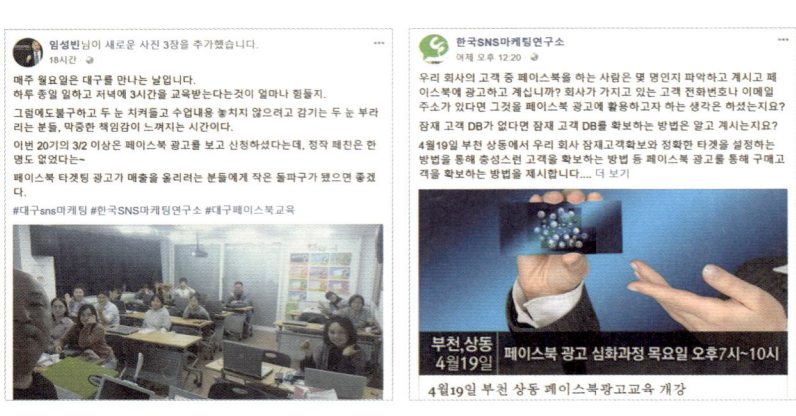

필자의 개인계정 포스팅(왼쪽)과 페이지 포스팅(오른쪽). 개인계정과 페이지에 적합한 콘텐츠는 성격이 조금 다르다.

드는 콘텐츠를 말한다. 예를 들어 페이지에 작성한 콘텐츠가 팬에 의해 공유가 됐다고 가정해보자. 공유한 사람의 친구가 5천 명이라면 5천 명의 뉴스피드에 콘텐츠가 노출된다. 물론 그 5천 명이 다 보는 것은 아니지만 다수의 친구들에게 도달될 확률이 커지는 데 의미가 있다. 만일 공유된 콘텐츠를 또 다른 친구가 다시 공유한다면 그 파급력은 상상 이상으로 커질 것이다. 이렇게 계속해서 확산되는 알고리즘을 지니고 있기 때문에 페이지에는 반드시 팬들이 공감할 수 있는 내용의 콘텐츠를 올려야 한다. 예를 들어 스타트업을 지원하는 회사라면 스타트업을 하려는 사람들에게 도움이 되는 정보를 제공해야만 하고, 주얼리 사업을 하는 회사라면 주얼리에 대한 유익한 정보와 사진을 꾸준히 제공해야만 페이지로서의 가치가 있다. 타겟층과 전혀 관계없는 콘텐츠는 많이 올리지 않는 것이 좋다. 만일 이러한 포스팅을 남발하면 오히려 역효과만 불러올 것이다.

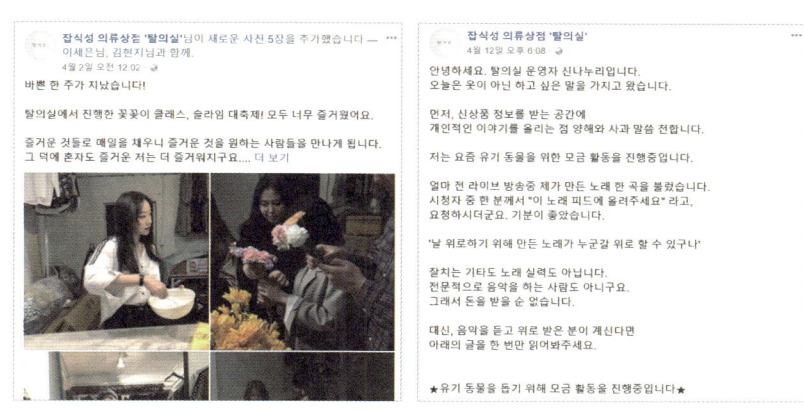

의류 쇼핑몰 '탈의실' 페이지의 포스팅. 신상품 소개 외에도 꽃꽂이 클래스와 유기동물 모금 등의 포스팅을 하고 있다.

예를 들어 목표로 하는 고객층이 30대 여성들이라면 그들이 무엇에 관심을 보일지 고민해야 한다. 결혼을 했을까, 하지 않았을까? 기혼이라면 어떤 생각을 가장 많이 할까? 미혼이라면 어떤 것에 가장 많은 관심을 가질까? 실제로 이러한 방식으로 여러 가지 상황들을 가정한 뒤 페이지에 콘텐츠를 발행해 성공한 사례들이 있다. 의류 쇼핑몰 '탈의실' 페이지에서는 신상품 소개 외에도 목표 타겟층들이 관심을 가질 만한 소재의 포스팅을 꾸준히 올리고 있다. 꽃꽂이 클래스나 유기동물 모금 등 30대 여성들을 타겟으로 한 현명한 포스팅이 눈에 띈다. 이 밖에 구체적인 사례는 'Part 4. 페이스북 마케팅 성공사례 분석'에서 살펴보도록 하겠다.

과거 필자의 강의를 들은 예비 창업자 한 분이 컨설팅을 받으러 온 적이 있다. 자신이 다음 달부터 정식으로 여성의류 쇼핑몰을 오픈하려 하는데 마케팅을 어떻게 해야 할지 모르겠다는 것이다. 그래서 "다음 달에 쇼핑몰을 오픈하지 않고 6개월 정도 더 미루면 혹시 형편이 어려워지나요?"라고 물었는데 "아니요."라는 말을 들었다. 필자는 창업을 미루고 6개월간 여성들이 좋아하는 콘텐츠와 그들이 관심을 가질 만한 스토리를 찾아 페이스북과 블로그 등을 운영해보라고 조언했다. 이유는 간단하다. 성공적인 브랜딩을 위해서는 창업 전에 마케팅 작업이 반드시 선행되어야 하기 때문이다.

팔 물건이 당장 없는데 어떻게 SNS를 활용해야 할까? 창업은 철저한 준비 과정이 필요하다. 페이스북 마케팅을 통해 할 일은 고객이 될 타겟들에게 필요한 정보들을 꾸준히 알려주면서 브랜딩을 하는 것이다. 예를 들어 30대 여성의류 쇼핑몰이 콘셉트라고 한다면 의류를 구매할 수요자는 당연히 30대 여성일 것이다. 그렇다면 우리나라 30대 여성들의 관심사가 무엇이고, 그들이 가장 원하는 것은 무엇일지 파악해 패션뿐만 아니라 그들이 좋아할 만한 여러 가지 정보를 활용해야 한다. 앞서 소개한 의류 쇼핑몰 '탈의실'과 같이 브랜딩을 한다면 오픈 시기에 맞춰 반드시 매출이 발생할 수밖에 없다. 그런데 반대로 30대 여성이 흥미를 느끼지 못하는 분야(스포츠, 게임 등)의 포스팅을 남발하면 매출이 발생하기 힘들 것이다.

페이지의 성격이 분명해야 한다

페이지를 만들 때 제일 먼저 하는 일은 이름을 정하는 것이다. 어떤 회사는 회사 이름으로 페이지를 만들고, 어떤 회사는 회사 이름 대신 제품과 서비스의 키워드를 사용한다. 어떤 방식으로 페이지를 만들든 페이지의 성격에 맞는 콘텐츠를 꾸준히 발행하는 것이 중요하다. 페이지의 콘셉트가 '창업'이라면 창업에 대한 유용한 정보와 아이디어를 제공해야 한다. 혹시라도 팬 수가 늘지 않아 초조한 마음에 주제에 맞지 않는 음식 사진이나 유머 이야기 등을 올리는 것은 자제해야 한다. 페이지의 팬이 '좋아요'를 누른 이유는 해당 페이지의 콘텐츠가 좋기 때문이다. 그들이 원하는 건 창업에 대한 정보일 뿐이지 음식 사진이나 유머 이야기 등이 아니다.

그러나 많은 기업의 페이지들이 '좋아요', 즉 팬의 수를 늘리는 데 급급해 회사의 브랜딩과 상관없는 콘텐츠를 발행하고는 한다. 실제로 페이지와 연관 없는 동영상을 화제성이 높다는 이유로 올린다거나, 회사와 상관없는 유머러스한 콘텐츠를 올리는 페이지들을 많이 볼 수 있다. 참으로 안타까운 일이다. 페이지의 궁극적인 목표는 성공적인 브랜딩임을 인식해야 한다.

인구절벽 시대를 맞이해 변화하는 가구의 사례를 다룬 카드뉴스 형

✪ 인구절벽 문제를 다룬 카드뉴스 형식의 콘텐츠

식의 콘텐츠를 살펴보자. 평소 저출산 문제를 심각하게 생각하고 있던 사람이라면 '좋아요'와 '공감하기'를 누를 확률이 높다. 콘텐츠는 그 시대를 대변하거나 문화의 흐름을 파악해 보는 사람으로 하여금 공감을 느끼게 해야 한다.

출판사에서 운영하는 페이지라면 좋은 글귀나 책에 관한 콘텐츠를 주로 발행하는 것이 좋으며, 의류를 판매하는 페이지라면 옷의 사진이나 가격 등 의류에 대한 콘텐츠를 주로 발행하는 것이 좋다. 페이지 콘셉트와 맞지 않게 영화나 음식에 대한 이야기 같이 다른 주제의 포스팅을 남발하는 건 지양해야 한다. 페이지의 성격(콘셉트)은 그 회사를 말해주는 중요한 간판이다. 페이지의 성격을 하나의 큰 줄기로 설정하고, 그 줄기에 맞는 소재들을 골라 포장해야 한다. 정보만 전달하는 건조한 글과 이미지, 동영상은 팬들에게 외면당할 수밖에 없다.

문제는 1인 사업자나 소상공인들의 경우 아쉽게도 이러한 콘텐츠를 꾸준히 발행할 능력과 시간이 없다는 것이다. 그렇다고 방법이 없는 것은 아니다. 마케팅에 투자하는 비용은 회사의 규모와 관계없이 예산에 늘 책정되어 있다. 그 마케팅 비용의 일부를 페이스북 페이지에 투자해보면 어떨까? 콘텐츠 발행을 일주일에 몇 번, 혹은 한 달에 몇 번으로 스케줄을 정하고, 늘 그 날짜에 맞춰 업로드하는 것이다. 최소 3일 정도의 시간을 가지고 하나의 콘텐츠를 발행하면 퀄리티가 그렇게 나쁘진 않을 것이다.

기업들의 페이지를 살펴보면 콘텐츠의 질에 신경을 덜 쓰는 곳들이 생각보다 많다. 회사가 언급된 기사를 링크한다거나 아니면 다른 페이지에 있는 좋은 콘텐츠를 공유한다거나 하는 경우가 대부분이다. 그러

🎯 양질의 콘텐츠로 약 10만 명의 팬을 확보한 이디야커피의 포스팅. 식목일을 주제로 콘텐츠를 만들었다.

먼서 왜 페이지에 '좋아요'가 늘지 않고 댓글이 달리지 않냐고 한탄한다. 당연한 이야기지만 페이지를 이미 구독하고 있는 팬들도 그 콘텐츠가 좋은지 나쁜지 구별할 수 있다. 정성이 들어간 콘텐츠는 팬들이 먼저 알아본다.

많은 운영자들은 쓸 소재가 부족하다고 하소연한다. 한두 달 콘텐츠를 업로드하면 더 이상 소재가 없다는 것이다. 하지만 필자는 이 말에 동의할 수 없다. 소재는 많다. 예를 들어보자. 카페를 운영한다면 어떤 소재가 있을까? 커피의 종류를 우선 생각할 수 있다. 단순하게는 팔고 있는 커피의 맛과 향기 등을 나타낼 수도 있고, 이디야커피처럼 식목일에 커피잔에서 새싹이 자라나는 아이디어를 활용할 수도 있다. 연령에 따라 커피 선호도가 다르다면 왜 해당 연령층이 특정 커피를 선호하는

지, 혈액형에 따라 커피 선호도가 다르다면 왜 그런지, 우리나라와 외국의 커피 문화는 어떻게 다른지 등을 재미있게 카드뉴스로 만들 수도 있다. 이처럼 아이디어는 무궁무진하다. 다양한 시선으로 대상을 바라본다면 의외로 쉽게 재미있고 신선한 소재를 발견할 수 있다. 관점을 바꾸면 매출이 보인다. 카페 창업 프랜차이즈 회사라면 이러한 방식으로 꾸준히 포스팅을 올려보자. 이디야커피처럼 확장성이 있는 페이지로 거듭날 것이다.

SECTION ♥ 02

페이스북 마케팅의 첫걸음, 콘텐츠 기획

페이지의 성공은 브랜딩에 달려 있다. 성공적인 브랜딩을 위해서는 좋은 콘텐츠를 발행해야 한다. 이용자가 포스팅을 보고 '저건 내 이야기야!'라고 생각하게 만드는 것이 가장 중요하다. 공유란 자신에게 좋고 유용한 정보를 친한 사람들에게 소개시켜주고 싶을 때 하는 행동을 말한다. 페이스북 CEO 마크 저커버그(Mark Zuckerberg)는 "사람들은 페이스북을 통해 친구 및 가족과의 관계를 유지하면서 유용한 것을 그들과 함께 공유하고 싶어 한다."라고 말했다. 가족과 친구들, 그리고 지인들과 거미줄처럼 이어진 페이스북의 특성상 하나의 콘텐츠가 공유된다는 것은 그만큼 회사의 브랜드가 더 널리 알릴 수 있다는 뜻이다. 그렇기 때문에 공

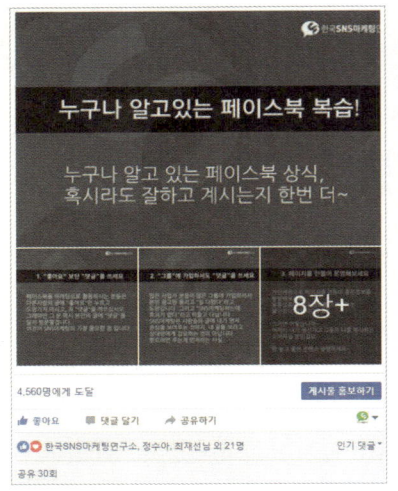 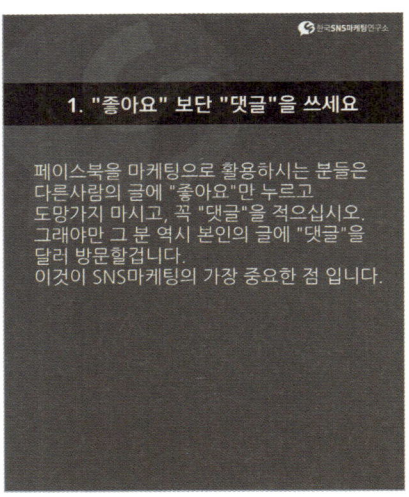

✪ '페이스북 상식'이라는 주제로 발행한 콘텐츠. 사람들은 유용한 정보를 주변에 소개하고 싶어하는 성향이 있다.

유가 될 수 있는 콘텐츠를 발행하는 것이 무엇보다 중요하다.

위 이미지는 필자의 페이지에서 발행한 카드뉴스 형식의 콘텐츠다. 주제는 '페이스북 상식'인데, 약 4,600여 명에게 도달되고 30회 이상의 공유를 유발시켰던 콘텐츠다. 페이스북에 친구가 글을 쓰면 '좋아요'만 누르지 말고 반드시 댓글을 써야 하는 이유 등 페이스북 마케팅의 가장 기본적인 사항을 이야기했다. 필자가 이러한 콘텐츠를 올린 이유는 하나다. 바로 필자의 직업이 SNS 강사이기 때문이다. 그렇기 때문에 필자는 이러한 주제로 꾸준히 콘텐츠를 발행해야 한다. 페이지는 철저하게 전문적이어야 하고 또 철저하게 소비자 관점이어야 한다. 그러나 많은 기업들은 오로지 제품을 판매하는 장사꾼의 관점에서 콘텐츠를 작성한다.

어떤 콘텐츠가 좋은 콘텐츠일까?

"아이를 낳아 육아를 시작하게 되면 자네도 절반은 나눠질 마음을 갖게. 내 딸도 엄마되는 게 처음이라 버벅대고 지칠 걸세. 항상 같이 있는 자네가 도와야 하지 않겠나? 바깥일에 지쳐 쉬고 싶다는 말은 삼가게. 내 딸은 24시간 애를 보는 셈이니 퇴근해서 자기 직전까지라도 최선을 다해 육아에 동참하게."

'내 딸이 시집가기 전에 사위에게 해주고 싶은 말'이라는 제목으로 유명한 글이다. 딸을 가진 부모라면 누구나 공감되는 이야기일 것이다. 저 글을 공유한 사람만 해도 5만 5천 명이 넘는다. 만약에 저 글을 쓴 사람이 육아 용품이나 육아 서비스 관련 회사의 직원이라면 어떨까? 아마도 회사의 브랜드 가치는 크게 오를 것이고 사람들은 저 회사에서 발행하는 콘텐츠를 매번 기다릴 것이다.

이렇게 직접적으로 제품을 홍보하지 않아도 사람들에게 브랜딩할 수 있는 방법은 얼마든지 있다. 그 중심에 바로 '공감'이라는 두 글자가 있다. 판매자들은 모든 글을 판매자의 관점에서 쓴다. 판매자인 나는 물건을 팔아야 하니 이 물건을 좀 사달라고 이야기한다. 그러나 판매자일수록 소비자의 입장에서 콘텐츠를 발행해야 한다. 물론 많은 연습과 전략이 필요하다. 좋은 콘텐츠라 하더라도 모든 성별과 연령층에 호응을 얻을 수는 없다. 그래서 타겟 고객층에 맞는 콘텐츠를 기획해야 한다.

방법과 사례는 다양하다. 머리카락이 빠진 사람들의 공감대를 형성하는 페이지도 있을 것이고, 병이 들어 아픈 사람들이 공감할 수 있는 페이지도 있을 것이다. 또 덩치 큰 남성 의류를 판매하는 회사라면 그런 사람들이 겪었던 이야기를 페이지에 재밌게 올리는 것도 공감을 얻을 수 있는 방법이다. 취준생들에게 정보를 제공하는 페이지라면 취업이 낙타가 바늘구멍을 통과하기보다 어렵다는 현실을 꼬집는 콘텐츠를 만들어보는 건 어떨까? 아마 많은 사람들, 특히 20대 취준생들이 응원의 박수를 보낼 것이다.

거부감이 들지 않는 네이티브 광고

현대인들은 늘 광고에 치이며 산다. 길을 걸으면서도 인터넷 서핑을 하면서도 수많은 광고를 접한다. 그런데 소소한 즐거움을 위해 페이스북에 들어왔는데 페이스북 친구조차 광고를 올린다고 생각해보자. 아마 페이스북상에서 친구를 끊을 것이다. 실제로 지금 페이지를 운영하는 회사들을 보면 대부분 콘텐츠를 발행하는 것이 아니라 회사의 홍보용 창구로 이용한다. 회사 블로그를 페이지에 공유한다거나, 아니면 신제품이 나왔는데 할인 이벤트를 한다거나 등의 식이다. 그렇다고 페이지의 팬 수가 많은 것도 아니다. 기껏해야 몇백 명에서 수천 명 사이인데 그것조차도 스폰서 광고로 달성한 경우가 많다.

팬이 수백 명이라면 결코 많다고 할 수는 없지만 그렇다고 적은 숫자도 아니다. 팬들이 공감할 수 있는 유익한 콘텐츠를 꾸준히 발행한다면 수백 명의 팬이 수천 명으로 늘어나고, 그 팬들에 의해 다시 공유되어 퍼지면서 수만 명까지 영향력이 확장될 수 있다. 페이지가 활성화될 수 있는 가장 중요한 요인은 회사의 공지사항과 활동사항을 알리는 홍보

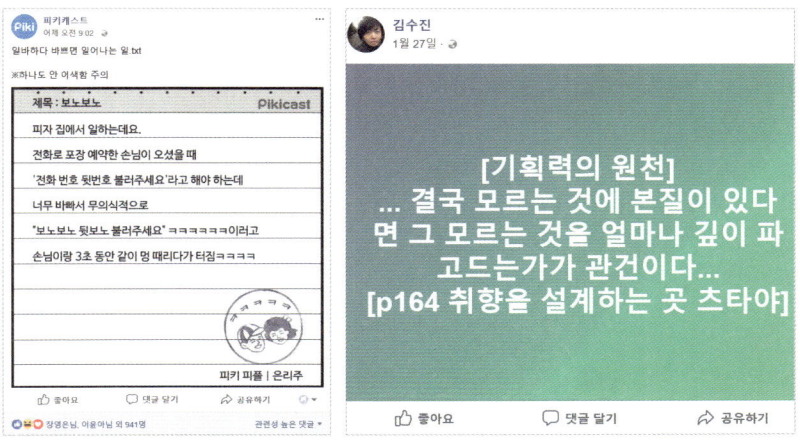

🔘 텍스트로만 콘텐츠를 만들어도 유용하다면 사람들은 '공감하기'를 누른다. '피키캐스트' 페이지의 유머 포스팅(왼쪽)과 빵집 마케터로 유명한 김수진 교수의 포스팅(오른쪽)

성 글이 아닌 모두가 공감할 수 있는 콘텐츠다.

위의 이미지는 '피키캐스트' 페이지의 유머 포스팅과 빵집 마케터로 유명한 김수진 교수의 포스팅이다. 이들은 텍스트로만 콘텐츠를 만들어 이용자들로부터 큰 호응을 받았다. 이처럼 사진 없이 그냥 텍스트로만 콘텐츠를 만들어도 유용하다면 사람들은 '공감하기'를 누른다.

고객의 성향은 크게 2가지로 나뉠 수 있다. 정보를 원하는 부류와 제품을 바로 구입하고자 하는 부류다. 정보를 꾸준히 받아보면서 추후에 제품을 구매하는 소비자가 있는가 하면, 제품의 직접적인 광고를 보고 바로 구매하는 소비자도 있다. 그러나 후자의 경우에는 이미 브랜드가 널리 알려진 제품일 가능성이 높다. 즉 시장에 아직 제품이 출시되지 않았거나 유명하지 않은 브랜드는 광고만 먼저 하면 실패할 확률이 높아진다. 처음부터 광고만으로 소비자에게 접근하지 말고 충분한 예열 기

◎ 룩핀의 네이티브 광고. 제품을 소개하는 방식으로만 소비자들에게 접근하지 않고 만화로 정보를 주고 있다.

간을 거치는 것이 필요하다.

  제품 광고뿐만 아니라 다양한 콘텐츠로 정보를 주는 방법과 적절히 병행하는 것이 좋다. 그럼 어떤 콘텐츠에 더 많은 반응이 있는지 통계가 나올 것이다. 그 통계에서 더 반응이 좋은 쪽이 옳은 방향이다. 내 소식과 친구들의 소식이 올라오는 뉴스피드에 광고가 쏟아져 나오고 있다. 페이스북 뉴스피드는 친구의 글 5개를 보고 나면 6번째로 기업들의 스폰서 광고가 나온다. 즉 친구들의 게시물 중간에 광고가 올라온다는 것인데, 그래서 보통 페이스북을 처음 접하는 사람들은 그것이 광고인지 모르는 경우가 많다.

  광고인데 광고인지 모르는 광고를 '네이티브 광고(native advertising)'라고 부른다. 네이티브 광고는 기존의 배너 광고의 대안으로 떠오른 새로운 형식의 광고로서 마치 광고가 아닌 것처럼 만들어 소비자들로 하여금 거부감 없이 광고를 보게 만든다. 만약 광고가 단순히 물건만을 판매하는 홍보 카피로만 가득 채워졌다면 분명 고객들에게 외면당했을 것이다. 하지만 광고가 노골적이지 않고 유머가 있거나 혹은 유용한 정보를 담은 포스팅이라면 고객들의 반응도 분명 달라진다. 따라서 소비자들이 해당 기업을 매력적인 브랜드로 인식하게 하려면 네이티브 광고의 활용이 중요하다.

콘텐츠 기획, 타겟의 마음을 먼저 읽자

한 사람의 마음을 움직일 수 있는, 즉 공감되는 콘텐츠는 수백 배, 수천 배의 파급효과를 기대할 수 있다. 사업을 시작하는 사람이라면 작은 사업으로 시작해 점차 성장하고 있는 사업가들의 이야기에 크게 공감할 것이다. 앞서 간 선배들이 어떤 마인드를 가지고 성공했는지에 대한 이야기도 좋아할 만하다. 또 오랫동안 다녔던 회사에서 명예퇴직을 하거나 그럴 예정인 사람들은 제2의 인생을 설계할 수 있는 콘텐츠에 공감할 것이고, 요식업 사업을 준비하는 사람들은 맛집을 경영하는 성공한 사람들의 스토리가 큰 힘이 될 것이다.

결국 공감되는 콘텐츠를 기획하는 방법은 수요자(고객)가 필요로 하는 정보를 예측하는 것에서부터 시작된다. 브랜딩을 위한 회사의 페이지는 이러한 전략이 더욱 더 중요하다. 출판사라면 책에 대한 글을, 건설사라면 부동산에 대한 알찬 소식을, 마케팅 회사라면 적재적소에 어

미세먼지와 스마트폰 중독 문제를 주제로 포스팅한 '롯데푸드' 페이지와 'KEB 하나은행' 페이지. 결국 공감되는 스토리텔링이 관건이다.

울리는 타겟 마케팅 노하우를 제공하는 것도 좋은 방법이다. 스스로 생각하기에 별로였던 콘텐츠가 반응이 좋은 경우가 있고 진짜 좋다고 생각한 콘텐츠가 반응이 별로인 경우가 있다. 이럴 때 페이지 운영자는 혼란스러울 수밖에 없다. 이런 현상이 발생하는 건 아마 운영자의 주관적인 관점이 콘텐츠에 투영되기 때문이다. 상대방의 입장으로 관점을 바꾸지 않으면 공감을 얻기 힘들다.

결국 필요한 것은 스토리텔링이다. 물건만 팔고 회사 이름만 알리면 되는 것 아니냐고 반론할 수 있겠지만 페이스북 페이지는 잠재고객을 확보하는 수단으로 활용해야만 한다. 구매를 위한 콘텐츠는 페이스북 스폰서 광고를 활용하면 된다.

한 사례를 보자. 대구에서 도수치료를 전문으로 하는 '행복한 재활의학과'는 매주 금요일 아침 통증치료를 돕는 스트레칭을 페이스북 라이브방송을 통해 소개한다. 병원의 잠재고객인 어깨, 허리, 고관절 등의

⚙ '행복한 재활의학과'는 매주 금요일 아침 페이스북 라이브방송으로 통증치료 스트레칭을 소개한다.

통증으로 고생하고 있는 현대인들에게 유용한 콘텐츠를 제공함으로써 팬의 수를 늘리고 있는 것이다. 병원에 가지 않고도 집이나 사무실에서 스스로 스트레칭으로 통증을 완화할 수 있는 노하우를 알려주니 많은 사람들이 새로운 콘텐츠가 올라오기를 기다린다.

 필자는 우리나라에서 요통으로 고생하는 사람들의 성별은 주로 여성이고, 연령은 50대라고 생각했다. 하지만 의외로 30대 여성, 사무직에 종사하고 있는 사람들이 훨씬 많다는 것을 알게 되었다. 그렇다면 대구에 위치한 '행복한 재활의학과'는 페이스북 친구로 어떤 사람을 사귀어야 할까? 바로 대구에 거주하는 30대 여성으로 사무직에 종사하는 사람들이다. 이것이 바로 타겟에 충실한 페이스북 마케팅 전략이다. 타겟의 마음을 먼저 읽으면 큰돈을 들여 광고하지 않고도 성공적인 브랜딩이 가능한 콘텐츠를 기획할 수 있다.

전문적인 SNS팀을 구성해야 성공한다

　　소규모 업체에서는 영업을 하는 직원에게 블로그를 운영하라 시키고, 사무직 직원에게 페이스북을 맡기는 등 SNS를 부수적인 업무로 생각하며 떠맡기고는 한다. 마케팅은 해야겠는데 내부 인력은 부족하고 외부 인력을 쓰자니 비용이 부담스럽기 때문이다. 당연히 실패하는 경우가 다반사다. 기존의 직원들에게 맡겨봤자 자기 업무도 소화하기 바빠 마지못해 관리할 뿐이다. 좋아서 의욕적으로 만든 콘텐츠와 의무적으로 만든 콘텐츠의 차이는 크다. 전문 분야에 전문적이지 않은 직원이 손을 대봤자 좋은 결과는 기대하기 힘들다. "약은 약사에게, 진료는 의사에게."라는 말이 있듯이 블로그나 페이스북, 인스타그램 등 SNS 운영은 전문가에게 맡기는 것이 좋다. 물론 별도의 비용이 들어가는 것이 부담스러울 수 있다. 하지만 장기적인 관점에서 본다면 생각을 바꾸어야 한다.

✿ 고양시청의 페이스북 페이지. 고양시청은 별도의 SNS 운영팀을 구성해 큰 효과를 보았다.

몇 년 전 필자는 고양시청 홍보팀장의 강의를 들은 적이 있었다. 이 팀은 다른 업무는 하지 않고 오로지 고양시청의 SNS 업무만을 수행해 브랜딩에 크게 기여했다고 한다. 물론 소규모 사업장은 SNS만을 운영하는 팀을 자체적으로 운영하는 게 현실적으로 어려울 수 있다. 그렇다면 전혀 방법은 없는 것일까? 필자의 생각은 이렇다. 자체 인력으로 운영이 어렵다면 외부 대행사를 이용하는 것이다. 이 밖에 10인 이상의 직원이 있는 회사라면 장기적인 투자 관점에서 페이스북이나 여타 SNS를 운영할 수 있는 전문적인 직원 1명 정도는 채용하는 것을 추천한다.

성공적인 프로모션은 이벤트에 달려 있다

사람들은 늘 새로운 것에 관심을 표하고, 자신에게 도움이 될 만한 것에 적극적으로 참여하는 경향이 있다. 페이스북 페이지에서도 사람들의 관심을 끌 만한 이벤트를 할 수 있다면 분명 사업에 큰 도움이 될 것이다. 그래서인지 페이스북에는 '이벤트'라는 항목이 있다. 예를 들어보자. 새로 론칭하는 티셔츠가 한 달 뒤에 시장에 나온다면 이 신상품을 홍보하기 위해 각 매체에 마케팅 비용을 투자할 것이다. 대기업에서는 엄청난 홍보비를 쓰게 된다. 그러나 작은 기업의 입장에서는 마케팅 비용에 그렇게 많은 돈을 투자할 수 없다.

이럴 때 페이스북에 있는 이벤트 기능을 활용할 수 있다. '좋아요'와

'공유하기'를 유도할 수 있는 전형적인 이벤트도 좋고, 자신만의 특색 있는 이벤트도 가능하다. 예를 들어 '○○○을 찾아라'라는 식의 이벤트다. 모델이 새로 론칭할 티셔츠를 입고 일정 지역을 돌아다닌다고 미리 알린 뒤, 그 티셔츠를 입은 모델을 발견해 페이스

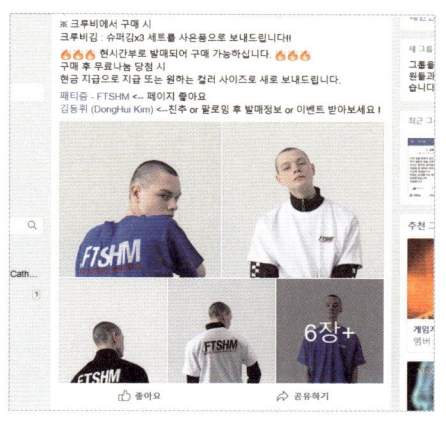

◎ 패션 업체의 이벤트 포스팅. 사은품을 걸고 '좋아요'와 '공유하기'를 유도하고 있다.

북이나 인스타그램에 인증샷을 찍어 해시태그와 함께 올리면 해당 티셔츠를 선물로 주는 것이다. 모 청바지 회사에서 실행했던 프로모션 이벤트와 비슷한 개념이다. 현대인들은 모두 스마트폰을 손에 들고 있고 늘 무언가를 찍는 습관이 있다. 운이 좋아 인증샷을 찍어 올린 사람이 팔로워가 많은 인스타그래머이거나 페이스북 친구가 많은 사람이라면 그 파급효과는 엄청날 것이다. 본인이 느끼기에 재밌다고 생각하는 콘텐츠라면 파급력은 더 커진다.

참고로 페이스북의 이벤트는 쉬워야 한다. 이벤트를 본 페이스북 친구들이 아무 생각 없이 쉽게 참여할 수 있도록 해야 참여도가 높아진다. 어려운 퀴즈나 스무고개식의 복잡한 프로모션은 실패할 확률이 크다. 유치원생들도 이해할 수 있을 정도로 쉽고 재밌어야 참여도가 높아진다는 것을 명심하자.

이벤트를 만들어 해시태그를 모으자

프로모션을 할 때 반드시 필요한 대목이 바로 해시태그(#)다. 해시태그는 2007년 미국 샌디에이고에서 처음 사용됐다. 샌디에이고에서 큰 화재가 났을 때 '#sandiegofire'라는 해시태그를 붙여 사고 관련 데이터를 모으는 데 사용하면서 처음 시작됐고, 2009년 트위터에서 공식적으로 사용하며 대중화되었다. 이후 대부분의 SNS에서 해시태그의 유용함을 인정해 범용화되었다.

해시태그는 회사가 필요로 하는 데이터를 모으는 데 큰 역할을 한다. 회사가 진행하는 프로모션의 키워드를 해시태그로 사용하면 해당 게시물을 한곳에 모아볼 수 있는 기능을 한다. 프로모션을 하는 이유가 무엇인지, 프로모션에서 무엇을 알리고 싶은지를 해시태그와 함께 제시해 이용자들로 하여금 자신의 계정에 회사가 원하는 해시태그를 작성하게 하자.

여기서 중요한 것이 버즈량이다. '버즈량'이라는 것은 SNS에서 언급되는 수를 의미하는데, 관련 해시태그가 이벤트로 인해 얼마나 언급되는가를 통계로 잡아 추후 참조할 수 있다. 이 통계를 토대로 다음에는 좀 더 나은 프로모션을 진행할 수 있게 될 것이다.

지하철을 타고 다니다 보면 많은 여성들이 페이스북과 인스타그램을 이용하는 것을 확인할 수 있다. 따라서 특히 여성들이 좋아하는 업종이라면 해시태그를 이용한 마케팅의 효과가 커질 수 있다. 대학생을 대상으로 하는 제품이라면 특정 대학을 선정해 그 학생들에게만 해시태그 마케팅을 활용하는 것도 좋은 방법이다.

체크인을 이용한 이벤트 방법

페이스북 마케팅에서 가장 중요한 기능 중 하나가 바로 '체크인'이다. 체크인이란 포스팅에 위치를 추가할 수 있는 서비스를 말한다. 가령 '로코헤어'라는 미용실이 궁금하다면 로코헤어를 이용한 사람들의 체크인을 확인해 이용자들의 후기를 모아서 볼 수 있다. 만일 수백 명의 사람들이 자신의 업체를 페이스북에서 체크인한다면 엄청난 파급력을 갖게 될 것이다.

특이한 사항은 페이지가 없는 업체 계정을 다른 사람들이 체크인하면 그 위치를 나타내기 위해 임의로 페이지가 만들어진다는 것이다. 이렇게 이용자들의 체크인에 의해 개설된 페이지는 '비공식 페이지'라고 표시되는데, 업체 당사자가 해당 페이지의 소유권을 요청하면 관리자가 되거나 기존의 페이지와 통합해 운영할 수 있다. 회사에서 만든 페이지와 별도로 체크인으로 언급되어 만들어진 페이지는 또 하나의 홍보 창

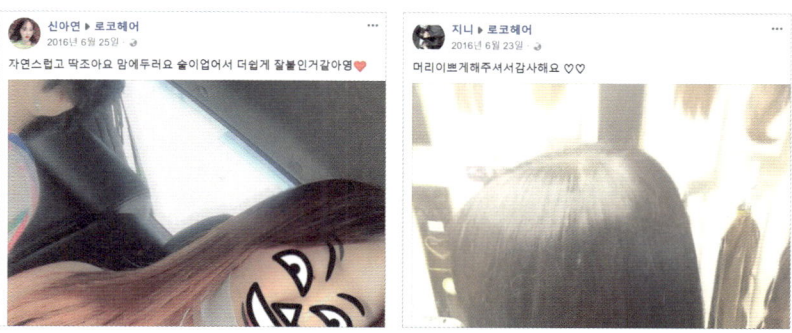

⚙ '로코헤어'를 체크인한 포스팅들. 체크인을 통해 이용자들의 후기를 모아서 볼 수 있다.

체크인 이벤트로 많은 호응을 얻었던 '대구 떡모푸드트럭'

구가 될 수 있다. 그래서 고객들이 자신의 회사나 매장의 위치를 체크인할 수 있도록 홍보하는 것도 매우 중요하다.

체크인을 활용해 오프라인 이벤트를 병행한 사례도 있다. 이벤트의 일환으로 체크인한 사람들을 초대해 오프라인에서 모임을 가진 것이다. 체크인 이벤트는 평범한 이벤트로 선물을 보내주는 것보다 훨씬 더 많은 충성고객을 만들 수 있다. 앞의 사진은 트럭에 음식을 싣고 판매하는 푸드트럭의 체크인 이벤트다. '대구 떡모푸드트럭'은 어느 날 대구 성서에 있는 계명대학교 근처에서 이벤트로 페이스북 친구들을 모았다. 이곳에 온 페이스북 친구들이 푸드트럭을 방문해 인증샷을 찍고 체크인을 하면 떡볶이를 공짜로 쏜다는 내용의 이벤트였다. 많은 사람들이 체크인하며 이 푸드트럭의 존재를 알렸다. 특히 체크인 위치가 대학교 근처인 만큼 대학생들의 참여도가 높았다. 대학생은 SNS 참여도가 높은 연령층이다. 이러한 특성을 잘 파악해 이벤트를 한 푸드트럭 사업자에게 박수를 보내고 싶다.

물론 너무 많은 사람들을 초대한다면 무리가 따를 수 있다. 하지만 수

용 가능한 수준의 사람들을 초대한다면 유의미한 자리를 마련할 수 있다. 체크인 관련 행사를 정기적으로 하면 체크인 게시물을 올리는 사람들이 점점 더 늘어나면서 성공적인 브랜딩이 가능해진다.

친구들을 초대해 이벤트를 주최해보자

무작정 불특정 다수를 대상으로 하지 않고 페이스북 친구들을 이벤트에 초대해 주최하는 방법도 있다. 페이지 메뉴에 '이벤트'를 누르면 '이벤트 만들기'가 나온다. 이를 통해 제품 론칭이나 브랜딩 이벤트에 페이스북 친구들을 초대할 수 있다. 이벤트의 이름과 장소, 일시, 설명 등을 기재하고 페이지에 게시하면 된다.

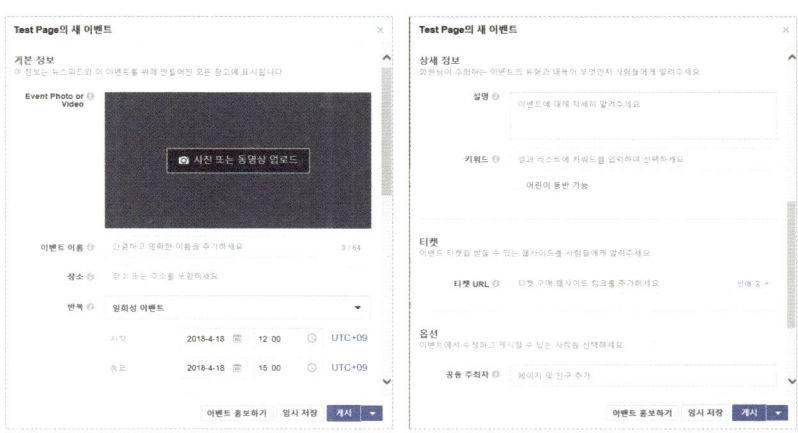

✿ '이벤트 만들기'를 누른 뒤 이벤트의 이름과 장소, 일시, 설명 등을 기재하고 게시하면 된다.

◉ '버거킹(왼쪽)'과 '빕스(오른쪽)'의 이벤트 포스팅. 자신의 페이스북 친구를 태그하도록 유도하고 있다.

　　개인계정에서 소통을 꾸준히 해 페이스북 친구가 4천~5천 명이 있다고 가정해보자. 그 친구들을 활용하면 회사의 이벤트를 더 널리 알릴 수 있다. 그런데 만일 직원이 회사의 페이지를 담당하고 있다면 이벤트를 만들 때 자신의 개인계정에 있는 친구들을 초대해야 한다는 딜레마가 생긴다. 대부분 자신의 개인계정이 회사의 홍보 창구로 쓰이는 것은 꺼려할 것이다. 설사 개인계정을 활용한다고 하더라도 직원이 페이스북 친구가 별로 없으면 이벤트의 효과가 떨어질 수 있다. 이렇게 직원들의 도움을 받을 수 없을 때는 이벤트를 스폰서 광고로 대신할 수 있다. 예를 들어 우선 초대할 수 있는 친구들만 초대하고, 초대한 친구들에게 각자 자신의 친한 페이스북 친구를 태그하게 하는 것이다. '버거킹'과 '빕스' 역시 자신의 페이지에서 이러한 방식의 이벤트 포스팅을 적극 활용하고 있다. 이처럼 자신의 페이스북 친구를 태그하도록 유도하면 많은 사람들에게 이벤트를 노출할 수 있다.

FACEBOOK MARKETING

SECTION ♥ 01

페이스북 광고로 잠재고객을 찾아라

개인계정의 친구들, 페이지의 충성스러운 팬들, 그룹의 멤버들 등 이들은 모두 당신의 잠재고객이 될 가능성이 높은 이용자들이다. 이들을 가장 우선시해야 하지만 사실 페이스북에는 이 밖에도 많은 잠재고객들이 숨어 있다. 숨어 있는 잠재고객들을 찾아내는 방법이 바로 페이스북 광고다. 지역, 성별, 연령, 관심사, 행동 등 방대한 DB를 토대로 움직이는 페이스북 광고는 미래의 고객을 찾아내는 데 가장 최적화된 방법이다. 당신의 제품이나 서비스에 관심을 가질 만한 사람들을 타겟으로 삼아 광고를 집행하기 때문이다. 광고 성과를 내려면 다음 사항을 이해해야 한다. 첫째, 광고가 어떤 목적인지 목적성을 분명히 해야 한다. 둘째,

목표를 정했으면 목표에 맞는 지역과 타겟, 메시지, 행동 유도 등을 정해야 한다. 셋째, 콘셉트가 일정해야 한다. 이 3가지 사항을 명심하면서 향후 잠재고객이 될 수 있는 가상의 인물을 설정하는 방법에 대해 살펴보자.

타겟 마케팅의 시작, 가상의 인물 설정하기

'페르소나(persona)'란 심리학에서 타인에게 비치는 외적 인격을 나타내는 용어다. 흔히 '가면', '실제와는 또 다른 내 모습'이라는 의미로 쓰이지만, 페이스북 마케팅에서는 잠재고객들의 주요 관심사를 임의로 설정한다는 뜻으로 쓰려고 한다. 자신의 제품을 사용하고 싶어 할 만한 가상의 인물을 떠올려보자.

잠재고객을 남성이라고 가정해보자. 그리고 그 남성의 연령대를 30세에서 45세까지로 가정해보자. 그다음 해당 페르소나에 대해 스스로 질문해보는 것이다. '30세에서 45세 미만의 남성들은 어떤 사람들일까?', '직장인일까 사업자일까?', '그들은 어떤 것에 관심을 갖고 있을까?', '그들은 주로 어떤 SNS 툴을 이용하고, 무슨 이야기를 할까?' 자신의 제품과 서비스를 이용할 잠재고객에 대한 것이니 궁금하지 않을 수 없다. 꼬리에 꼬리를 물듯 질문이 이어질 것이다. 이들이 좋아하는 건 무엇이고, 어떤 식으로 정보를 얻고 있는지, 온라인을 통해 물건을 구입한 적이 있는지, 또 어떤 디바이스를 사용하고 있는지도 파악해볼 필요가 있다. 특히 주요 고객층의 스마트 디바이스 활용도는 높은지, 어떤 미디어를 선

가상의 잠재고객

거주지 : 서울 강남구
연령 : 35세
직종 : 유통업
결혼 여부 : 기혼
관심사 : 여행
사용기기 : 안드로이드폰
브라우저 : 크롬브라우저

✪ 잠재고객을 유추하는 과정을 통해 성향에 맞는 이미지를 구축할 수 있다.

호하는지가 관건이다.

　이렇게 잠재고객을 유추하는 과정을 통해 성향에 맞는 이미지를 구축할 수 있다. 최종적으로 서울 강남구에 거주하고 있고, 연령은 35세, 직종은 유통업, 기혼에 여행을 좋아하고 안드로이드폰과 크롬브라우저를 사용하는 페르소나를 만들었다. 페르소나는 필요에 따라 더 정교하게 나눌 수 있다. 이것을 필자는 '나노타겟팅'이라고 부른다. 타겟을 핵분자처럼 세밀하게 나누어 마케팅을 한다는 뜻이다. 페르소나는 표면적으로 드러나지 않는 숨어 있는 사람들에게 궁극적으로 자신의 브랜드를 인식시키기 위한 마케팅의 일환이다. 이렇게 다양한 페르소나를 유추함으로써 최종적으로 그들이 원하는 것이 무엇인지 알 수 있다.

　결국 중요한 건 자신의 브랜드에 충성스런 고객들을 늘리는 일이다. 충성고객으로 인해 저절로 확장력을 가지는 구조가 되어야 한다. 그렇다고 해서 페르소나를 너무 많이 설정할 필요는 없다. 또 페르소나를 정할 때 연령층을 지나치게 확대하는 우를 범하면 안 된다. 페르소나의 연

✿ 페이스북과 인스타그램의 등장으로 소비자와의 쌍방향 소통이 가능해졌다.

령층은 최소 5년 단위로 정하는 것을 추천한다. 페이스북 광고 시 도달될 예상 이용자의 숫자도 4만~5만 명 정도가 효과적이다. 이 중 관심을 보여 광고를 클릭한 사람의 비율이 10% 정도라면 바로 그들이 향후 충성고객이 될 확률이 높은 사람들이다. 나중에 그들을 대상으로만 광고를 집행하면 구매 전환으로 이어지는 확률 역시 커진다. 이것이 페르소나의 활용이 필요한 이유다.

여기서 '고객은 스스로 움직이지 않는다.'는 것을 명심해야 한다. 소비자는 무언가를 보았을 때, 혹은 무언가를 들었을 때 비로소 움직이기 시작한다. 그렇다면 소비자들은 무엇을 보고 움직일까? 과거에는 매스미디어라는 일방적인 방식으로 소비자들의 호응을 이끌어냈지만 소셜미디어의 등장 이후 판도가 바뀌기 시작했다. 소비자와의 쌍방향 소통을 가능하게 한 소셜미디어가 바로 페이스북과 인스타그램이다. 필자는 매일매일 페이스북과 인스타그램의 뉴스피드를 모니터링한다. 그리고 부가적으로 '구글 알리미'를 사용해 필요한 카테고리의 뉴스를 따로 받아본다. 수많은 정보들 속에서 소비자들이 원할 만한 것을 찾고, 또 그들의 흐름(트렌드)을 보고 마케팅을 진행한다. 물론 이런 질문을 할 수도 있다. "당신은 그것이 직업이니까 가능하지, 우리 같은 소상공인들은 그런 시간이 없지 않습니까?"

하지만 사업을 하는 1차 목적은 돈을 많이 버는 것이다. 돈을 벌기 위해 제일 먼저 무엇을 해야 할까? 바로 자신의 제품을 사람들에게 더 많이 알리는 것이다. 결국 홍보를 해야 한다. 따라서 홍보에 시간을 투자하는 것은 돈을 벌기 위해 당연히 해야 할 일이다. 정확한 통계와 효율적인 방법을 알지 못하고 무작정 홍보하는 것은 물론 지양해야 하지만, 홍보에 최소한의 시간조차 투자하지 않고 어떻게 사업이 확대되기를 기대할 수 있겠는가?

페이스북 광고로 잠재고객의 관심사 찾기

페르소나를 정했으면 그들의 관심사를 정확히 찾아내는 것이 중요하다. 필자는 강의와 컨설팅, 운영대행 일을 하고 있다. 그러니 수익을 내기 위해서 필자가 필요한 사람과 또 필자를 필요로 하는 사람을 찾아내는 것이 우선일 것이다. 관심사에는 여러 가지 항목이 있다. 우선 필자의 강의를 듣고자 하는 사람들의 관심사는 마케팅과 홍보 분야일 것이고, 사업을 하는 사업자일 확률이 높다. 더 상세하게 분석해보면 그들이 가맹사업을 하는지, 영업을 하는지, 유통을 하는지, 직장을 다니는지, 구체적인 업종은 무엇인지 등도 알아볼 수 있다. 어찌됐든 결론은 그들이 높은 매출과 홍보를 위해 마케팅이 필요하다는 것이다.

또한 SNS 마케팅 영역에 관심이 많은 이용자일 것이기 때문에 필자

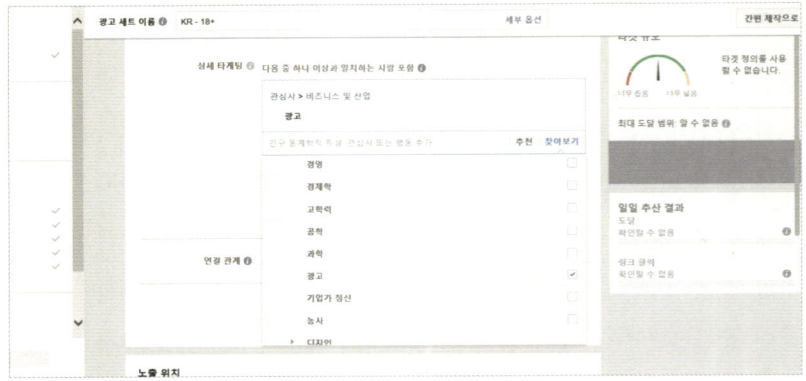

❂ 페이스북 광고에서 '광고' 항목을 타겟팅하는 과정. 페이스북 광고는 관심사 등을 통해 타겟을 정할 수 있다.

의 페이스북 광고의 경우 '광고' 항목을 관심사로 선택하는 것이 유리하다. 이렇게 페이스북 광고는 상세 타겟팅을 설정함으로써 그들의 뉴스피드에 광고가 도달되는 알고리즘을 지니고 있다. 예를 들어 피트니스를 운영하는 사업자라면 그들의 타겟은 누구일까? 또 그들의 관심사는 무엇일까? 당연히 뷰티나 몸매 관리에 관심이 많거나 건강에 관심이 많은 사람들일 것이다. 그렇다면 관심사 선택항목에서 '스포츠 및 야외활동', '피트니스 및 웰빙' 등을 체크하면 된다. 관심사를 나누지 않고 그냥 성별이나 지역만을 체크해서 광고하게 되면 이용자들이 스팸처럼 느낄 수 있다. 하지만 앞에서 언급한 대로 관심사를 특정 지어 체크하게 된다면 잠재고객의 눈길을 끌 수 있을 것이고 해당 제품을 구매하게 될 확률이 더 커지게 될 것이다.

통계적으로 관심사에 부합되는 광고의 경우 6번 정도는 반복적으로 보여야 구매할 확률이 있다고 한다. 여기서 말하고자 하는 것은 관심사를 정확히 나눈 후에 그들의 뉴스피드에 최소한 5번 이상은 노출되어야 페이스북 광고가 효과를 볼 수 있다는 점이다. 한 사람의 뉴스피드에 내가 낸 광고가 5번 보이게 하려면 그만큼 광고비가 많이 들어가게 된다고 오해하지만 페이스북에는 '픽셀코드'라는 것이 있다. 픽셀코드를 활용하면 광고비는 줄어들고 효과는 커질 수 있다. 픽셀코드란 '특정 행동(자신의 제품 및 서비스에 관심을 보이는 행동)'을 한 사람들의 정보를 가져와 그 사람들을 추적하기 위한 코드를 말한다. 픽셀코드에 대한 자세한 설명은 다음 섹션에서 이어서 하겠다.

타겟에게 접근해 구매를 유도하는 과정

"제품의 타겟은 몇 세부터 몇 세까지 입니까?"라고 물어보면 "저희 회사 제품은 25세에서 50세까지 다양한 계층이 사용할 수 있어요."라고 답하는 회사들이 의외로 많다. 초기에 사업하는 사람들의 경우 이처럼 페르소나에 대해 오해하는 경우가 비일비재하다. '25~35세', '35~45세', '45~55세', '55세 이상' 등 이처럼 연령대에 따라 관심사와 체형, 입맛 등 의식주가 다 다를 텐데 얼마나 오만한 생각인가? 그래서 타겟을 이렇게 넓게 잡으면 광고로 큰 효과를 볼 수 없다. 예를 들어 타겟은 여성이라는 특정 성별 전체가 아니다. 제품의 특성에 따라 여성이면서 동시에 정확하게 25세에서 30세 사이라고 특정 지을 수 있어야 한다.

"그렇게 하면 나머지 연령층은 버리게 되는 건가요?"라고 질문하는

타겟을 설정하는 방법

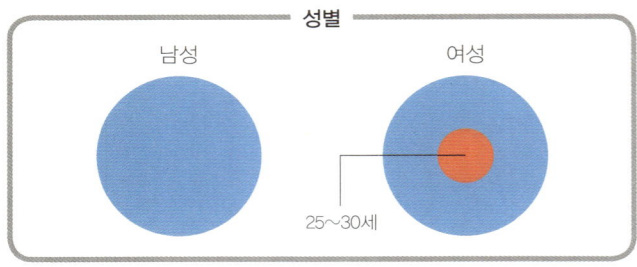

✿ 타겟을 넓게 잡으면 광고로 큰 효과를 볼 수 없다. 예를 들어 제품의 특성에 따라 여성이면서 동시에 25~30세라고 특정 지을 수 있어야 한다.

사람들도 있다. 타겟 광고를 하는 이유는 최대한 고객의 범위를 줄여 가장 관심이 있을 만한 일부 타겟들에게 광고를 효과적으로 전달하기 위해서다. 타겟 범위를 넓게 설정하면 마케팅 비용이 너무 많이 들어갈 뿐더러 그들에게 전부 도달되지도 않게 된다. 타겟 광고는 범위를 넓히면 넓힐수록 광고비가 많이 들어가고 효과는 미미해진다. 반면 범위를 좁히게 되면 광고비가 덜 들어가면서 비용에 비해 효과가 커질 수 있다는 장점이 있다. 물론 마케팅 비용에 제한이 없다고 하면 범위가 넓어도 효과를 볼 수 있지만 소규모의 사업자에게는 불가능하다.

페이스북 광고는 한 가지 주제를 한 가지 포맷으로 하는 것보다 여러 가지 포맷으로 동시에 집행한 후 효과가 떨어지는 나머지 광고 포맷을 줄이는 식으로 진행해야 한다. 효과가 제일 좋았던 광고 포맷에 집중하되 나머지 포맷에 들어가는 광고비용도 어느 정도는 유지하는 것도 좋은 방법이다. 왜냐하면 사람마다 자신이 좋아하는 유형의 광고가 다르

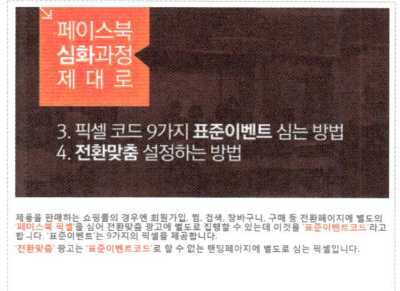 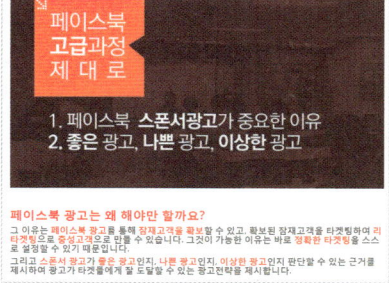

⚙ 랜딩페이지 사례. 고객의 마음에 들도록 디자인이나 헤드라인, 본문의 구성을 짜임새 있게 하는 것이 중요하다.

기 때문이다. 여기서 중요한 건 광고 헤드라인이나 이미지가 소비자들의 넛지(nudge)를 유발시킬 수 있는지 없는지의 여부다. 넛지란 강압하지 않고 부드러운 개입으로 사람들이 더 좋은 선택을 할 수 있도록 유도하는 방법을 뜻한다. 즉 고객의 옆구리를 콕 찌르는 헤드라인과 이미지로 자연스럽게 구매까지 이어지도록 유도하는 것이다. 결국 노출된 광고가 클릭할 만한 주제로 제작되어졌는지가 무척 중요하다. 광고가 도달은 됐는데 클릭이 이루어지지 않는다면 실패한 것이다. 목표로 한 대상들에게 광고가 도달했을 때 그 광고를 클릭하게 하는 것이 그다음 목표다.

클릭까지 유도했다면 구매는 랜딩페이지의 퀄리티가 결정한다. 광고가 많이 노출되고 클릭이 많이 이루어져서 고객이 랜딩페이지까지 온다면 일단 성공한 셈이다. 매장에 손님이 들어왔는데 한번 쭉 둘러보고 아무 말도 없이 나간다면 매장에 원하는 제품이 없다는 뜻이다. 매장의 디스플레이나 제품의 구성이 마음에 들지 않아서일 확률이 있다. 광고를 보고 우리 회사의 랜딩페이지까지 들어왔다면 고객의 마음에 들도록 디자인이나 헤드라인, 본문의 구성을 짜임새 있게 하는 것이 중요하다. 비싼 비용을 들여 광고해서 고객들을 유입시켰는데 랜딩페이지의 구성이 허접하다면 오히려 브랜드에 대한 평판이 나빠질 것이다. 결국 광고에서 회사가 목표로 하는 구매 전환까지 발생시키려면 랜딩페이지에서 고객을 설득할 수 있는 '킬러콘텐츠'가 필요하다.

랜딩페이지 구성에서의 팁을 하나 주자면 가장 윗부분에 핵심이 되는 내용을 작성하고 그 본문을 풀어나가는 식으로 쓰는 것이다. 블로그에서는 기승전결의 구성이 좋은 반면 페이스북 광고의 랜딩페이지는 그 반대로 하는 것이 효율적이다. 그래서 가장 윗부분에 제품의 가장 내세울 점이나 키워드를 적고 그것을 풀어나가는 식의 전개가 고객의 눈길을 사로잡는 데 더 효과적이다.

광고 측정이 가장 중요하다

페이스북에 광고를 집행한 경우에는 실시간으로 광고 측정을 해야 한다. '광고 관리자'에서 '분석 데이터'를 주기적으로 보면서 광고를 수정하는 것이다. 분석 데이터는 광고를 집행하기 전에 본인이 선택한 모든 항목에 대한 통계를 볼 수 있는 페이지다. 남자가 많이 봤는지 여자가 많이 봤는지, 몇 번을 클릭했는지, 모바일 뉴스피드에서 많이 봤는지 데스크톱에서 많이 봤는지 등 모든 것을 파악할 수 있기 때문에 도달이 떨어지거나 클릭이 많지 않은 항목은 즉시 수정할 수 있다.

광고 세트	게재	결과	도달수	비용	예산	지출 금액
강남 18기 1 강남 18기 개강	● 종료됨	1,421 링크 클릭	24,015	₩133 링크 클릭당	₩10,000 일일	₩188,666
25-34 여성		29	680	₩188		₩5,461
25-34 남성		93	2,576	₩158		₩14,701
25-34 알 수 없음		—	16	—		₩0
35-44 여성		177	2,832	₩119		₩21,009
35-44 남성		478	8,872	₩146		₩69,850
35-44 알 수 없음		3	72	₩65		₩196
45-54 여성		224	2,376	₩145		₩32,480
45-54 남성		417	6,544	₩108		₩44,969
45-54 알 수 없음		—	48	—		₩0

☼ 분석 데이터를 통해 집행한 광고를 실시간으로 측정할 수 있다.

　광고를 처음 집행하는 경우에는 대부분 분석 데이터를 잘 확인하지 않는다. 집행한 광고가 얼마나 도달했고 얼마나 클릭을 유도했는지 실시간으로 파악하는 건 반드시 필요하다. 효과가 떨어지는 항목이나 예산, 관심사, 카피, 이미지 등 세부적인 사항들을 더 효과적인 방향으로 수정할 수 있기 때문이다.

　광고 집행을 하게 되면 광고 승인까지 보통 30분에서 1시간 정도가 소요된다. 그러나 이미지에 텍스트 비율이 20%가 넘으면 광고 승인이 나지 않았다는 연락이 온다. 그럴 경우에는 텍스트 비율을 줄이거나 아니면 아예 텍스트를 넣지 않는 2가지 방법이 있다. 광고는 친구들의 뉴스피드에 보이는데 페이스북 광고가 뉴스피드에 더 많이 도달되게 하기 위해서는 이미지에 텍스트가 아예 없는 것이 더 효과적이다. 그러나 많은 사업자들은 광고 이미지에 텍스트를 최대한 넣고 싶어 한다. 더 많은 광고 문구로 제품을 소개하고 싶은 욕심에서다. 하지만 그럴 경우 페이스북에서는 도달률이 떨어지기 때문에 욕심을 잠시 버리는 것이 좋

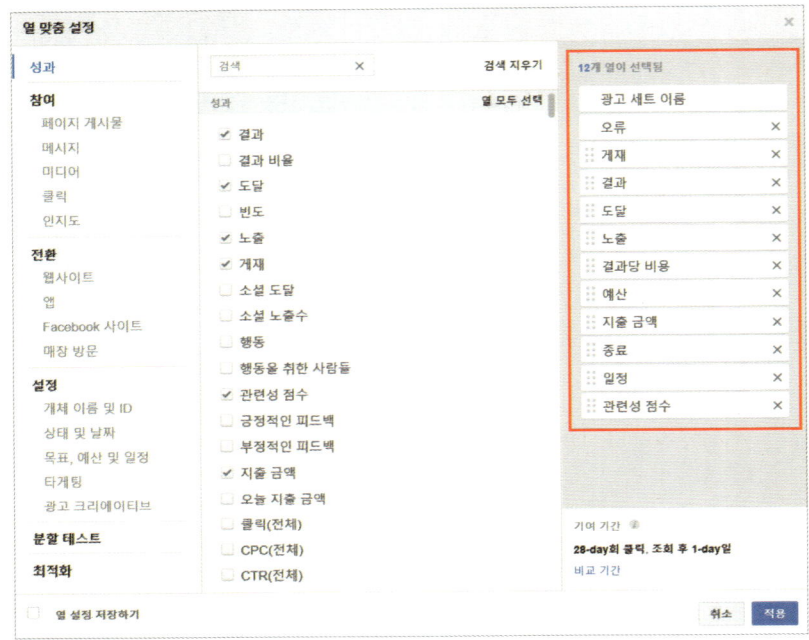

⚙ '열 맞춤 설정'을 통해 항목별로 더 많은 결과물을 확인할 수 있다.

다. 광고 문구가 많을수록 도달률이 높아질 것이라는 착각도 결국 광고 측정에 소홀해서 일어나는 일이다. 제품에 대한 홍보 문구는 이미지에 넣기보다 위, 아래에 문구를 넣을 수 있는 공간을 충분히 활용하는 것을 추천한다.

광고를 했으면 반드시 많이 도달되어야 효과가 있는 것이다. 따라서 분석 데이터를 자주 보면서 이용자들의 반응을 살펴보는 것이 좋다. 또한 회사에서 광고 보고서를 제출할 때 분석 데이터를 엑셀로 저장하는 기능을 활용할 수도 있다. 또 다른 광고 측정 결과물을 보려면 분석 데이터에서 '열 맞춤 설정'에 들어가면 된다. 열 맞춤 설정을 통해 항목별로 더 많은 결과물을 확인할 수 있다. 그런데 많은 회사들이 이 부분을 거의 들여다보지 않는다고 한다. 광고의 목적은 고객의 행동을 분석해 다시 내 브랜드로 들어오게끔 하는 것이다. 고객들의 행동을 분석하지 않는다면 엄청난 광고비용만 소비하게 될 뿐이다. 수시로 해당 분석물을 체크해 도달률이 떨어지는 부분은 즉시 수정하도록 하자.

SECTION ♥ 02

맞춤타겟, 유사타겟, 리타겟팅

페이스북 광고는 뉴스피드에, 친구들의 게시물 사이에 노출된다. 당신의 뉴스피드에 광고가 노출되는 이유는 해당 광고를 집행한 회사에서 당신을 타겟팅했기 때문이다. 또한 타겟팅한 광고를 클릭한 사람들을 찾아 그들에게 다시 광고를 노출하는 알고리즘을 지니고 있다. 다시 말해 지속적으로 잠재고객들을 계속 따라다니며 광고를 보이게 하는 구조다. 페이스북 광고에서 이러한 타겟 마케팅이 가능한 이유는 특정 행동을 한 사람들의 정보를 가져와 추적할 수 있는 기능(픽셀코드)이 있기 때문이다. 이번 섹션에서는 페이스북이 자랑하는 픽셀코드를 사용해 맞춤타겟과 유사타겟, 리타겟팅을 하는 방법에 대해 알아보겠다.

페이스북 픽셀을 이용해야 하는 이유

페이스북 광고는 특별하다. 광고주가 모든 것을 마음대로 설정하고 변경할 수 있기 때문이다. 무엇보다 타겟의 관심사 데이터를 활용할 수 있어 집행된 광고는 늘 목표로 한 타겟을 쫓아다니는 찰거머리 역할을 한다. 앞서 설명한 부분들은 페이스북 광고의 가장 기본적인 내용들이었다. 이번에는 페이스북의 픽셀코드를 활용해 타겟을 쫓고 구매까지 유도하는 방법에 대해 알아보자.

페이스북 광고를 하게 되면 집행한 광고의 분석 데이터를 바탕으로 도달 수와 클릭 수가 나온다. 예를 들어 5만 명에게 도달되어 2천 명이 클릭했다면 다음 광고는 그 2천 명만 대상으로 하면 된다. 일단 광고를 보고 클릭했다는 것은 광고에 대해 어느 정도 관심이 있다는 뜻이기 때문이다. 이것을 우리는 '맞춤타겟'이라 부른다. 이 맞춤타겟들에게 광고를 다시 보여준다면 구매 전환까지의 과정이 처음보다 한결 쉬워질 것이다. 이렇게 광고를 집행한 후 그 결과를 가지고 그와 유사한 타겟의 범위를 넓혀 또 다른 타겟을 확보할 수 있다. 이것을 '유사타겟'이라고 부른다. 맞춤타겟에서 확보된 고객들과 유사타겟에서 확보한 고객들에게만 보이게 하는 광고를 '리타겟팅'이라고 부른다.

광고는 관심 있는 사람들에게는 좋은 정보가 되고 관심 없는 사람들에게는 스팸이 된다. 관심 있는 광고를 자주 본다면 그만큼 구매 확률이 높아진다는 것을 우리는 알고 있다. 페이스북 광고는 모든 페이지에 '추적코드'를 심어 그 페이지에 들어온 사람들을 파악할 수 있다. 물론 구체적인 신상이 다 공개되는 것은 아니다. 해당 페이지에 방문한 사람들

페이스북 픽셀을 이용해야 하는 이유

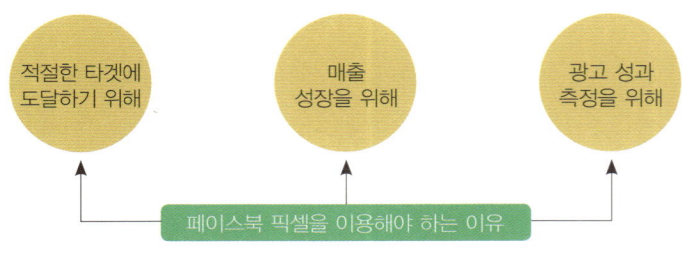

자료 : DMC미디어(2016년)

✿ 페이스북 픽셀은 타겟 선정과 매출 성장, 광고 성과 측정을 위해 반드시 이용해야 한다.

의 데이터는 페이스북만이 알고 있다. 우리는 그저 앞에서 설정한 타겟들에게 광고를 집행하기만 하면 된다. 구체적인 사항까지는 아니더라도 광고 집행에 필요한 데이터는 페이스북이 제공한다.

　페이스북 픽셀을 이용해야 하는 이유는 크게 3가지로 정리할 수 있다. 첫째, 적절한 타겟에 도달하기 위해서다. 페이스북 픽셀을 통해 신규고객을 발굴하고 당신의 웹사이트에서 특정 페이지에 방문한 사람 또는 원하는 행동을 취한 사람을 찾을 수 있다. 그렇게 축적한 데이터를 바탕으로 효율적인 광고 집행이 가능하다. 둘째, 매출 성장에 필수적이다. 제품 구매 등 중요한 행동을 취할 가능성이 높은 사람을 타겟팅할 수 있기 때문에 매출과 직결되는 중요한 기능이다. 아무런 분석 없이 불특정 다수에게 무작정 광고를 집행하면 실패할 수밖에 없다. 셋째, 광고 성과 측정을 위해 꼭 필요하다. 직접적인 광고 결과를 통해 광고가 얼마나 성공적이었는지 확인할 수 있고, 전환 및 매출 등의 정보를 볼 수 있다.

페이스북 픽셀을 사용하는 방법

디지털 마케팅에는 이용자로부터 자발적인 참여를 유도하는 유인형 마케팅이 있고, 이용자가 원하지 않았는데 보이는 푸시형 마케팅이 있다. 유인형 마케팅은 소비자가 웹사이트나 카페 등 특정 사이트에 자발적으로 가입해 그 플랫폼에서 보내는 광고를 받아보는 것이고, 푸시형 마케팅은 수신자의 동의 없이 광고가 보이고 전달되는 마케팅을 말한다. 2가지 중 페이스북 광고의 마케팅 방법을 구분하자면 유인형 마케팅에 더 가깝다. 자신의 관심사에 따라 페이스북에 나온 광고를 자발적으로 클릭하기 때문이다. 그렇게 흥미 정도에 따라 자발적으로 광고를 접한 소비자들은 최소한 회사가 집행한 광고에 대해 큰 거부감이 없다. 페이스북 광고는 이렇게 자신의 제품에 관심을 보인 소비자들을 계속 따라다니는 알고리즘을 지니고 있기 때문에 타겟 마케팅에 최적화되어 있다.

이제 픽셀을 심는 방법에 대해 알아보자. 광고 관리자 선택 후 '측정

⚙ 광고 관리자 화면에서 '픽셀'을 클릭하면 'Facebook 픽셀 만들기' 화면이 나온다.

◎ 'Facebook 픽셀 만들기' 화면. '픽셀 만들기'를 클릭하면 자신의 이름으로 픽셀을 만들 수 있다.

및 보고' 메뉴에서 '픽셀'을 클릭하면 'Facebook 픽셀 만들기' 화면이 나온다. 'Facebook 픽셀 만들기' 화면에서 '픽셀 만들기'를 클릭하면 자신의 이름으로 픽셀을 만들 수 있다. 픽셀 이름은 자유롭게 변경할 수 있으며, 일반 계정에서는 픽셀 1개를 만들 수 있다. 비용을 지불하고 비즈니스 계정으로 전환한다면 픽셀을 최대 10개까지 만들 수 있다.

픽셀 이름을 설정하면 '픽셀코드 설치' 화면이 나온다. '설치된 코드는 고객 행동을 측정하고 더 좋은 광고를 만들 수 있도록 사이트 방문 정보를 Facebook에 다시 전송합니다.'라는 안내문구가 보인다. 설치에는 총 3가지 옵션이 있는데 '통합 또는 태그 관리자 사용', '코드 직접 설치', '개발자에게 안내 이메일 전송'이 있다. 이 중 '코드 직접 설치'를 클릭한다.

'전체 픽셀코드를 복사하여 웹사이트 헤더에 붙여넣으세요'라는 문구 아래에 마우스를 올리면 파란색으로 표시되면서 복사가 가능해진다. 클

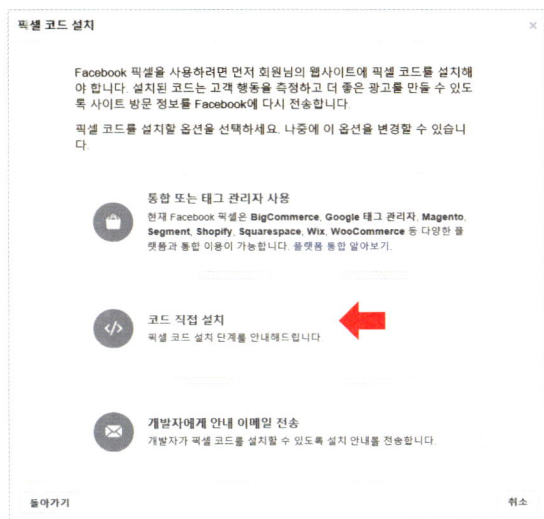

⚙ '픽셀코드 설치' 화면. '코드 직접 설치'를 클릭한다.

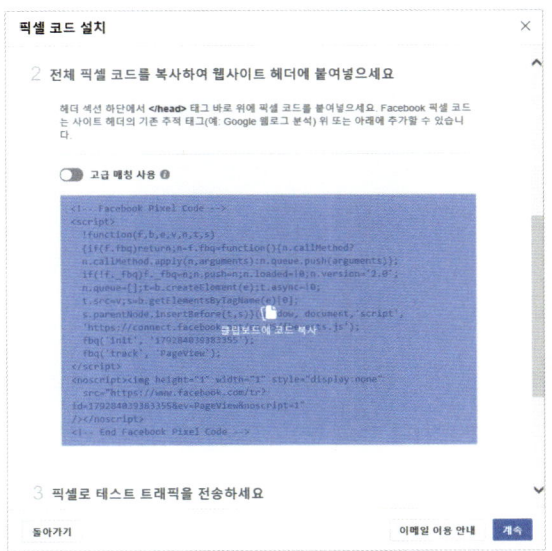

⚙ '코드 직접 설치'를 누르면 코드를 복사해 방문한 사람을 추적할 수 있다.

⚙ 웹사이트의 HTML 화면. 〈head〉와 〈/head〉 사이에 복사한 픽셀코드를 붙여넣는다.

릭해서 복사하면 끝이다. 지금 복사한 코드가 바로 사이트를 방문한 사람을 추적할 수 있는 '페이스북 픽셀'이다. 자바스크립트의 한 종류인데 복사한 이 픽셀을 자신의 웹사이트에 붙여넣으면 된다. 이 페이스북 픽셀을 사이트에 심지 않으면 방문자가 누구인지 알 수 없다. 하지만 사이트에 페이스북 픽셀을 심게 되면 그때부터 방문자를 추적해 데이터를 저장하게 되고 맞춤타겟에 활용할 수 있게 된다.

광고로 유입을 유도한 웹사이트 랜딩페이지의 HTML을 열어 〈head〉와 〈/head〉 사이에 복사한 페이스북 픽셀코드를 붙여넣으면 된다. 가능하면 〈/head〉가 끝나는 바로 윗부분에 붙여넣는다. 이렇게 픽셀을 심게 되면 이때부터 방문자를 추적할 수 있다. 만일 직접 픽셀을 심을 수 없는 경우에는 웹사이트를 제작했던 담당자에게 이메일을 보내 페이스북 픽셀을 심어달라고 요청한다. '픽셀코드 설치' 화면 하단에 '개발자에게 안내 이메일 전송'을 클릭하면 된다.

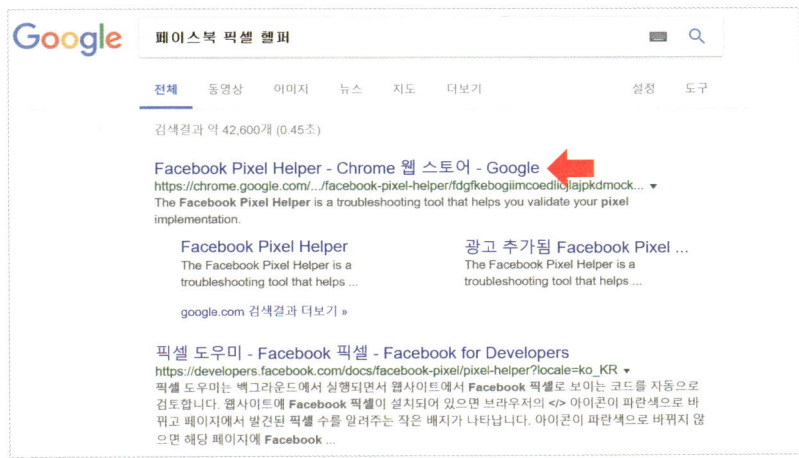

○ 구글에서 '페이스북 픽셀 헬퍼'를 검색한 결과

    사이트에 페이스북 픽셀을 심었으면 픽셀이 제대로 작동하는지 확인할 필요가 있는데, 이제 확인할 수 있는 도구를 설치해야 한다. 크롬 웹 스토어에서 '페이스북 픽셀 헬퍼'라는 확장프로그램을 설치해야 하는데 이 확장프로그램은 크롬 환경에서만 이용이 가능하다.

    크롬 구글 검색창 화면에서 '페이스북 픽셀 헬퍼'를 입력한다. 검색결과 중 'Facebook Pixel Helper'를 클릭하면 설치 화면이 나온다. 확장프로그램에 추가한 후 픽셀을 심은 사이트를 열면 우측 상단에 왼쪽

○ 페이스북 픽셀 헬퍼 버튼 이미지

과 같은 이미지의 버튼이 생성되어 있는 것을 볼 수 있다. 최근 업그레이드된 스폰서 광고에서는 픽셀 설치 화면에서 페이스북 픽셀 헬퍼의 설치를 도와주는 링크를 적시해놓았다. 따로 검색해서 찾지 않아도 확장프로그램을 설치할 수 있다. 픽셀의 작

동 여부를 체크하는 데 꼭 필요한 확장프로그램이므로 반드시 설치할 것을 권한다.

> **⋯ 광고에 반응한 사람들을 맞춤타겟으로 공략하자**

맞춤타겟이란 집행했던 광고에 반응을 보인 고객들을 따로 모은 데이터를 말한다. 고객의 전화번호나 이메일 주소를 광고로 활용하게 되는데 평소 해당 광고에 관심이 있었던 사람들이 그 대상이다. 그들에게 광고를 몇 번 더 노출한다면 구매할 확률이 점점 더 커질 것이다. 결국 맞춤타겟의 성공은 얼마나 많은 잠재고객 데이터를 모으느냐에 달려 있다.

맞춤타겟 만들기

맞춤타겟을 잘 활용하면 광고비 대비 높은 수익률을 기대할 수 있다. 맞춤타겟을 만드는 방법에 대해 더 자세히 알아보자. 광고주는 맞춤타겟을 통해 제품 페이지에 방문했지만 구매하지 않은 사람들에게 웹사이트 재방문 및 구매를 유도하는 캠페인을 진행할 수 있다. 또는 지난 30일부터 180일 동안 웹사이트에 방문했던 모든 사람들을 포함하는 타겟도 만들 수 있다. 이용 시간별 유입도 파악해 타겟을 만들 수 있는데 일반적으로 많이 사용되는 방문 여부를 기준으로 만들어보겠다.

광고 관리자로 돌아와 '타겟'을 선택한다. 그러면 '비즈니스에 중요한 사람들에게 도달하려면 타겟을 만들고 저장하세요.'라는 문구와 함께

⚙ 광고 관리자 화면에서 타겟을 선택하면 맞춤타겟을 만들 수 있다.

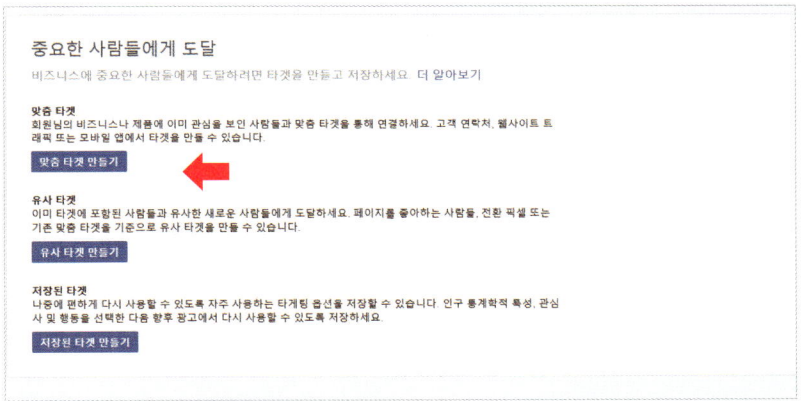

⚙ 3가지 방식으로 타겟을 만들 수 있는데 이 중 '맞춤타겟 만들기'를 누른다.

'맞춤타겟 만들기', '유사타겟 만들기', '저장된 타겟 만들기' 중 하나를 선택할 수 있는 목록이 나온다. 3가지 방식으로 타겟을 만들 수 있는데 이 중 '맞춤타겟 만들기'를 누르면 맞춤타겟을 만들 수 있는 5가지 방법이 나온다. 각각 '고객 파일', '웹사이트 트래픽', '앱 활동', '오프라인 활동', '참여'다.

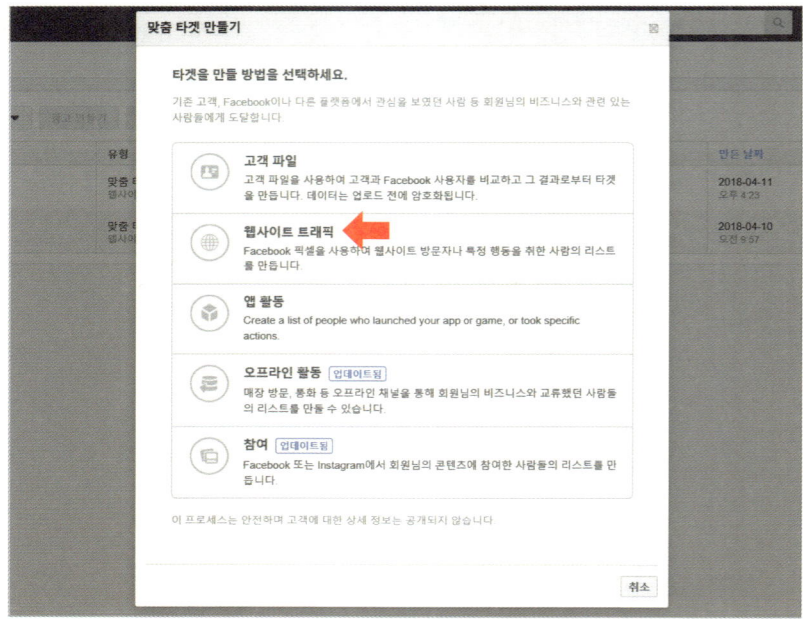

🔅 맞춤타겟을 만들 수 있는 5가지 방법이 목록으로 나온다. 픽셀을 이용해 타겟을 만들 때는 '웹사이트 트래픽'을 선택한다.

'타겟을 만들 방법을 선택하세요.'라는 문구와 함께 맞춤타겟을 만들 수 있는 방법이 나온다. 페이스북 픽셀을 이용해 타겟을 만들 때는 두 번째에 있는 '웹사이트 트래픽'을 선택한다.

그러면 맞춤타겟의 조건을 설정하는 화면이 나오는데 '특정 웹페이지를 방문한 사람'을 선택하고, 광고를 집행했던 랜딩페이지의 URL을 복사한 후 붙여넣기한다. 방문했던 개월 수(30~180일)를 적은 후 맞춤타겟의 이름을 지정한 다음 '타겟 만들기'를 클릭한다.

'타겟 만들기'를 누르면 타겟이 만들어졌다는 안내가 뜨면서 맞춤타

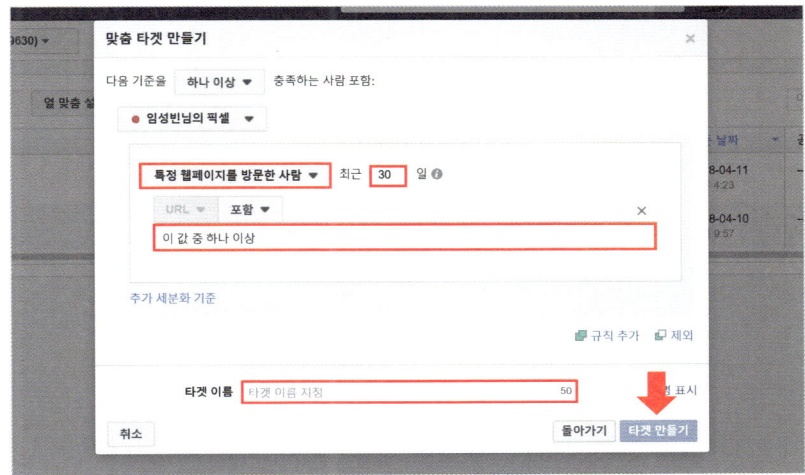

🔅 맞춤타겟의 조건을 설정하는 화면. 특정 기준과 일자 등을 선택할 수 있다.

🔅 맞춤타겟의 조건을 설정하는 화면에서 '타겟 만들기'를 누르면 맞춤타겟이 생성된다.

겟이 생성된다. 처음에는 '사용 가능 여부'에서 '생성 중'이라고 표시되는데 이는 아직 사용할 수 없다는 뜻이다. 맞춤타겟이 생성되고 사용이 가능해질 때까지는 약 20~30분 정도의 시간이 소요된다.

만들어진 맞춤타겟을 활용하기 위해 '광고 만들기' 화면으로 다시 돌

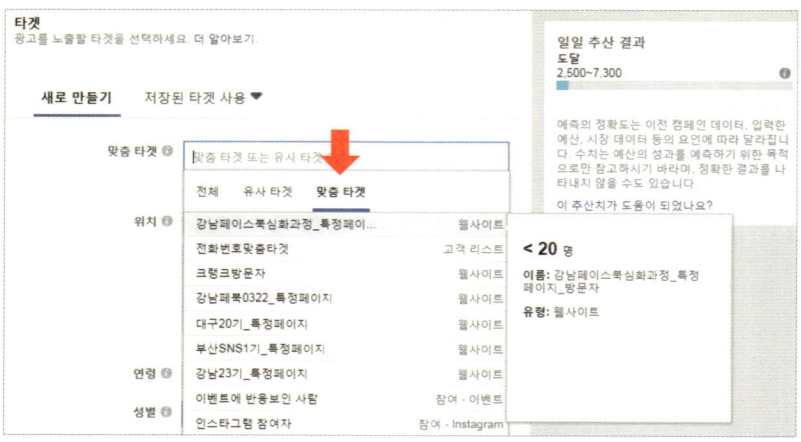

⚙ '광고 만들기' 화면에서 맞춤타겟 박스를 클릭하면 방금 만들어진 맞춤타겟을 선택할 수 있다.

아와 맞춤타겟 박스를 클릭한다. 맞춤타겟 메뉴에서 방금 만들어진 맞춤타겟을 선택한다. 이후 동일하게 지역, 연령, 성별 등 상세 타겟팅에서 관심사를 설정해 광고를 세팅하면 된다.

　시간이 지나면 웹 추적코드를 심은 랜딩페이지에 점점 방문객이 늘어날 것이다. 시간이 흐를수록 광고를 클릭한 사람들의 방문이 증가하기 때문이다. 이렇게 방문객에 대한 데이터를 모아 이후에 그들만을 대상으로 리타겟팅을 진행하면 그만큼 구매 전환으로 이루어질 가능성이 커진다.

　맞춤타겟으로 모은 데이터의 사람들은 기본적으로 해당 웹사이트에 자신의 의지로 클릭해 들어온 것이다. 따라서 그들은 해당 브랜드에 어느 정도 관심이 있는 사람들이란 이야기다. 그래서 나중에 이들을 대상으로 집중적으로 구매 유도를 위한 광고를 집행한다면 일반적인 광고보다 훨씬 구매 효과가 클 것이다. 그래서 페이스북 광고는 맞춤타겟으로 얼마만큼의 고객 데이터를 모았는지가 관건이다. 픽셀코드로 데이터를 축적해 잘 활용하면 추후 매출 성장에 큰 도움이 될 것이다.

맞춤전환 만들기

전환 추적이란 웹사이트에서 전환이 이루어지는 페이지에 표준 이벤트코드를 추가하거나 맞춤 이벤트코드를 만들어 해당 사이트에 들어오는 사람들의 행동을 추적하고 측정하는 것이다. 즉 전환 추적을 만드는 이유는 고객들이 페이지에 들어와 어떤 행동을 했는지 파악하기 위해서다. 유입된 이용자들은 장바구니에 물건을 추가하거나, 다른 키워드를 검색하거나, 회원가입을 하는 등 여러 가지 행동을 한다. 이렇게 목

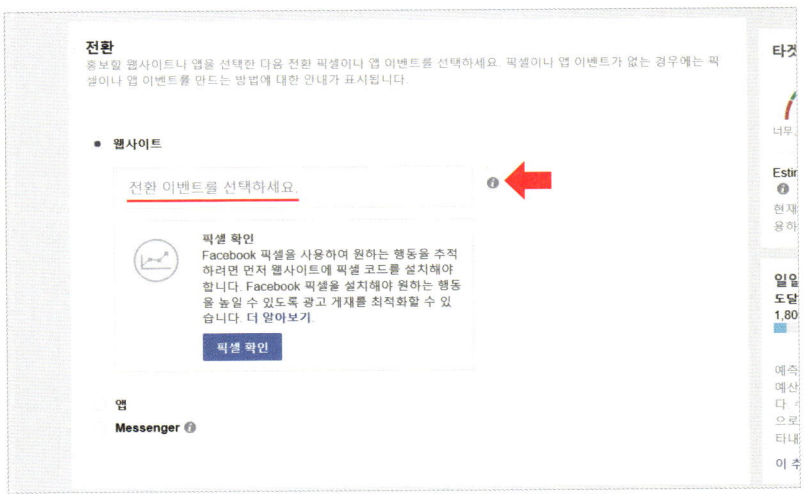

❂ '전환'의 웹사이트 하단에 있는 '전환 이벤트를 선택하세요.'를 클릭하면 '새 맞춤전환 만들기'가 나온다.

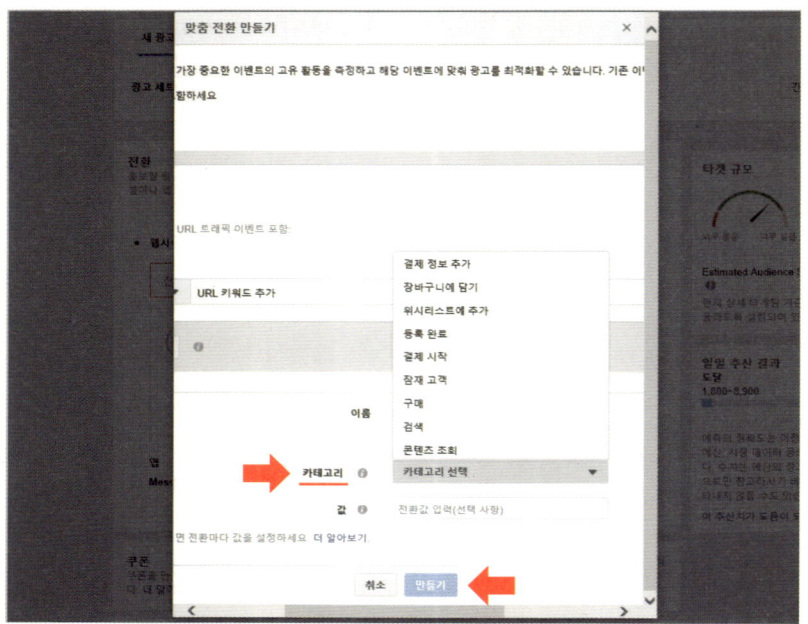

⚙ '새 맞춤전환 만들기' 화면. 카테고리를 통해 어떤 전환을 추적할지 선택할 수 있다.

표로 한 페이지에 심은 코드를 '전환 픽셀'이라고 한다.

'광고 만들기'에서 '전환'의 웹사이트 하단에 있는 '전환 이벤트를 선택하세요.'를 클릭하면 '새 맞춤전환 만들기'가 나온다. 여기서 '카테고리'를 클릭해 원하는 항목을 선택한다. 그 아래 전환값을 입력한 후 하단 우측 '만들기' 버튼을 클릭하면 맞춤전환이 설정된다. 여기서는 '장바구니에 담기'를 선택하겠다. 이제 해당 웹페이지에서 '장바구니에 담기(전환)'를 한 이용자를 추적할 수 있다.

다시 '광고 만들기'로 돌아가 웹사이트 아래 박스를 클릭하면 방금 생성한 맞춤전환 데이터가 보인다. 맞춤타겟과 마찬가지로 사용 가능해지

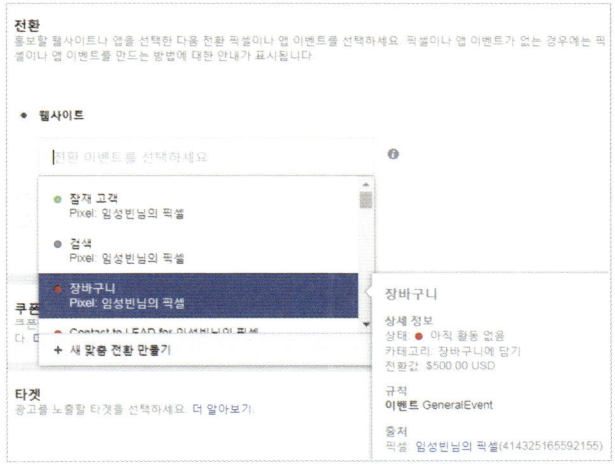

ⓞ '새 맞춤전환 만들기' 화면. 카테고리를 통해 어떤 전환을 추적할지 체크할 수 있다.

려면 조금 시간이 필요하다. 다 생성되면 녹색으로 변하는데 그때 선택하면 된다.

이렇게 맞춤전환 픽셀이 중요한 이유는 예를 들어 100명이 장바구니에 머물렀다가 10명이 구매했다면 나머지 90명에 대해서만 추후 리타겟팅으로 광고를 집행할 수 있기 때문이다. 그러면 구매할 확률이 그만큼 커질 수 있다. 그러기 위해 맞춤전환 설정이 중요하다. 또한 '맞춤전환 만들기' 코드는 특정 행동을 추적하는 데 사용할 수 있는 코드다. 흔히 이벤트코드라고도 하는 총 9가지의 코드가 있는데 성격에 맞는 페이지마다 이벤트코드가 따로 설정되어 있다. 따라서 해당 이벤트코드를 복사해 원하는 페이지에 심어주면 된다.

이벤트코드를 심어주면 그 페이지에 방문한 사람들을 추적할 수 있어 향후 이들을 상대로 리타겟팅 광고가 용이해진다. 처음 광고를 집행하는 이들은 특히 이 부분을 무척 어려워하는 경향이 있다. 코드가 HTML 언어로 이루어져 있어 지레 어려워하고 포기하는 경우가 많기 때문이다. 아예 배우려고 하지 않는 사람들도 다수다. 그러나 누가 어떤 페이지를 방문했는지, 어떤 페이지가 인기 있는지, 누가 장바구니에 담아 결제 페이지까지 도달했는지, 누가 회원가입을 했는지 등 소비자의 모든 행동을 추적하는 일은 페이스북 마케팅에서 매우 중요한 요소다. 무턱대고 그냥 지역별, 성별, 연령별 정도만 설정해 광고만 집행한다면 무슨 의미가 있겠는가. 조금 복잡해보여도 차근히 이벤트코드를 다루는 연습을 해보자. 앞에서 자바스크립트의 한 종류였던 페이스북 픽셀을 웹사이트에 심었던 과정을 떠올려보자. 이번에도 동일하게 웹사이트의 HTML을 열어 작업하면 된다. 다만 페이스북의 '픽셀코드 설치' 화면에서 픽셀코드를 그대로 복사해왔던 것과 달리 이번에는 직접 입력해야 한다.

9가지의 이벤트코드를 도표로 정리해보았다. 이 9가지의 이벤트코드 중 성격에 맞는 페이지의 HTML에 들어가 〈head〉와 〈/head〉 사이에 있는 〈script〉와 〈/script〉 사이에 넣어주면 된다. 예를 들어 구매 완료 코드인 'Purchase'를 입력하려면, 우측에 있는 자바스크립트 소스인 'fbq('track', 'Purchase', {value:'0.00', currency:'KRW'});'를 삽입하면 된다. HTML 페이지에 들어가 해당 이벤트코드 소스를 넣으면 된다. 스크립트 중 'value:'0.00''이란 가격을 말하는 것이며, 'currency:'KRW''는 원화인지 달러인지를 표시해주는 것이다. 1만 원짜리라면 'value:'10000''로 수정하면 되고, 원화면 'currency:'KRW'', 달러면 'currency:'USD''라고 하면 된다. 처음에는 조금 복잡하고 어렵게 느

표준 이벤트코드 목록

이름	설명	이벤트 코드
ViewContent	주요 페이지 조회수를 추적합니다.	fbq('track', 'ViewContent');
Search	웹사이트 검색을 추적합니다.	fbq('track', 'Search');
AddToCart	장바구니에 품목이 추가될 때마다 추적합니다.	fbq('track', 'AddToCart');
AddToWishlist	위시리스트에 품목이 추가될 때마다 추적합니다.	fbq('track', 'AddToWishlist');
InitiateCheckout	사람들이 결제 플로를 시작할 때마다 추적합니다.	fbq('track', 'InitiateCheckout');
AddPaymentInfo	결과 과정 중에 결제 정보가 추가될 때마다 추적합니다.	fbq('track', 'AddPaymentInfo');
Purchase	구매나 결제 플로 완료를 추적합니다.	fbq('track', 'Purchase', {value:'0.00', currency:'KRW'});
Lead	이용자가 제공 서비스에 관심을 표시할 때마다 추적합니다.	fbq('track', 'Lead');

꺼질 수 있다. 하지만 조금씩이라도 직접 해본다면 금방 익숙해질 수 있을 것이다.

 광고주는 반드시 웹사이트에서 이용자가 어떤 페이지에 들어와 어떤 행동을 했는지 파악해야 하며, 또한 결제한 고객의 경우에는 최소한 우리 회사 제품에 호감이 있는 사람들이니 반드시 그 수요를 추적해야 한다. 해당 이용자는 그다음 신제품이 나올 경우 구매할 확률이 그 어떤 고객보다 높을 것이다. 또는 같은 제품을 홍보할 때 이미 구매한 고객을 타겟에서 제외할 수도 있다. 이렇게 추적코드로 고객들의 흔적을 찾아내는 과정을 통해 회사의 매출 신장에 크게 기여할 수 있다.

고객의 전화번호로 맞춤타겟을 설정하는 방법

이번에는 오프라인 매장이나 온라인 쇼핑몰에서 확보된 고객의 전화번호를 활용해 맞춤타겟을 만드는 방법에 대해 알아보자. 대부분의 업체들은 확보한 고객의 전화번호로 문자를 보내거나 카카오톡 플러스친구를 활용해 메시지를 발송하는 방법 등을 많이 쓴다. 그러나 문자나 플러스친구를 활용한 광고는 고객으로 하여금 스팸으로 느끼게 한다. 전화번호를 활용하는 다른 방법은 없을까? 페이스북을 이용하면 된다. 바로 고객의 전화번호를 가지고 페이스북에서 광고를 내는 것이다.

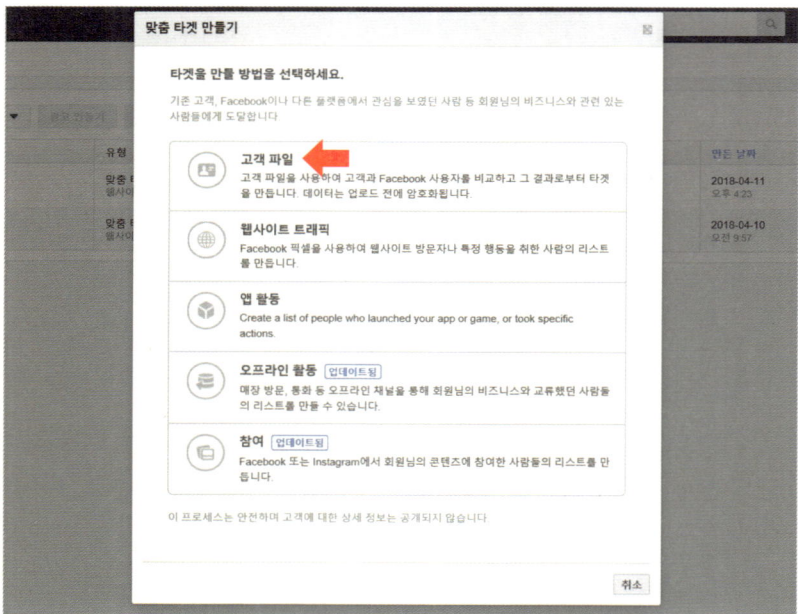

✿ 맞춤타겟을 만들 수 있는 5개 방법 중 '고객 파일'을 선택한다.

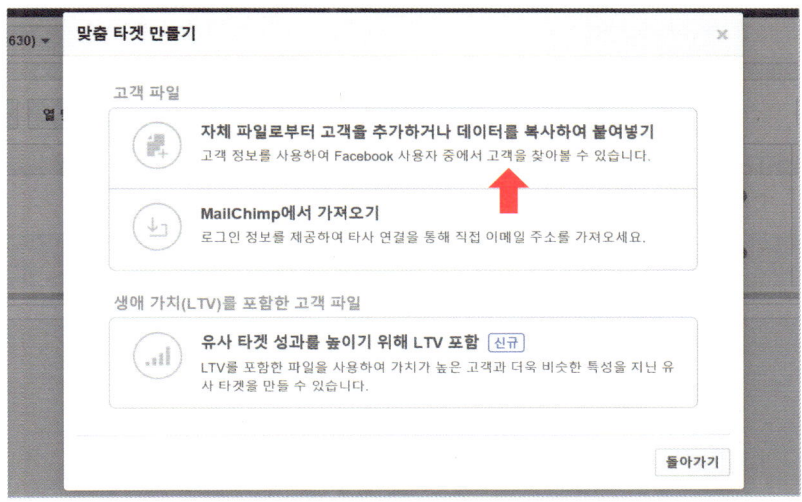

○ 총 3가지 방법으로 고객 파일을 가져올 수 있다.

고객의 전화번호 데이터를 페이스북 광고에 업로드하면 페이스북이 그 전화번호를 가지고 있는 사람들을 찾아 해당 고객에게만 광고를 보여준다. 애초에 전화번호를 제공했다는 건 해당 업체와 어느 정도 연관이 있거나 관심이 있다는 뜻이다. 그런 업체의 광고를 접하면 스팸으로 생각하기보단 오히려 반가운 마음이 들지 않을까?

그럼 이번엔 고객의 리스트 중 전화번호를 사용해 해당 고객들에게만 광고가 보이는 방법에 대해 알아보자. 이는 맞춤타겟 중 가장 정확한 데이터를 가지고 타겟을 특정 짓는 방식이다.

'광고 관리자' 메뉴에서 '맞춤타겟 만들기' 메뉴를 클릭한다. 첫 번째에 있는 '고객 파일'을 누른다. 총 3가지 방법으로 고객 파일을 가져올 수 있는데, 여기서는 첫 번째 '자체 파일로부터 고객을 추가하거나 데이

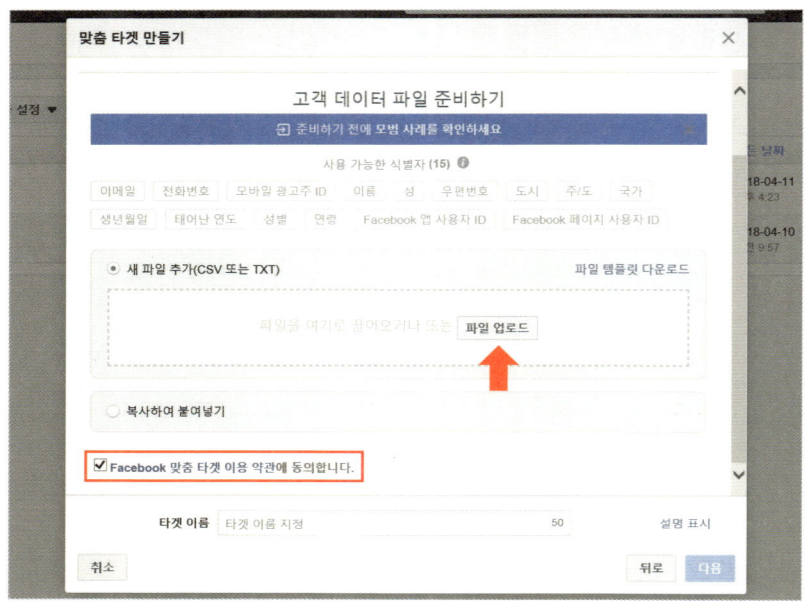

💡 고객 전화번호 생성 시 국가번호로 변경해서 입력해야 한다. 파일을 업로드한 뒤 약관 동의 박스에 체크하고 '다음'을 누른다.

터를 복사하여 붙여넣기'를 클릭한다. 그러면 '고객 데이터 파일 준비하기' 화면이 나오는데 '파일 업로드'를 누르면 된다.

고객 전화번호 생성 시 '010' 대신 국가번호인 '8210'으로 변경해서 작업해야 한다. 예를 들어 고객의 전화번호가 '01012345678'이라고 한다면 이것을 '821012345678'로 변경하면 된다. 국번과 전화번호 사이에 붙는 '하이픈(-)'은 생략해도 무방하다. 파일 형식은 CSV 또는 TXT 파일로 저장하면 된다. 이후 파일이 업로드되면 고객의 전화번호 데이터가 들어온 것을 볼 수 있고, 아래 페이스북 약관 동의 박스에 동의를 체크하고 '다음'을 누른다.

○ 고객의 전화번호 데이터를 업로드하면 최종 확인하는 화면이 나온다.

데이터가 정상적으로 업로드되면 최종 확인하는 화면이 나온다. '완료'를 눌러 마무리하고, 이후 시간이 지나면 고객의 데이터를 맞춤타겟으로 활용할 수 있다. 다시 '광고 만들기'로 들어와 '맞춤타겟' 박스를 클릭하면 방금 생성된 전화번호 맞춤타겟 데이터가 나오는데, 그것을 선택해 광고를 세팅하면 된다. 요즘 같은 시대에 확보한 고객의 전화번호 데이터를 활용해 스팸성 문자를 보내거나 전화를 하는 등의 아날로그적인 광고는 효과를 기대하기 힘들다. 페이스북 마케팅을 통해 효율적으로 전화번호 데이터를 활용하고 광고를 세팅해보자.

Part 3 실전 페이스북 광고 활용법 123

🛠 생성된 전화번호 맞춤타겟 데이터를 선택해 광고를 세팅하면 된다.

··· 유사타겟으로 또 다른 잠재고객을 확보하자

　　　　맞춤타겟으로 만들어진 데이터가 정확하다면 페이스북은 정교하게 유사한 타겟을 찾아준다. 맞춤타겟보다는 정확도가 떨어진다는 단점이 있지만, 광고 세트에서 옵션을 잘 선택한다면 정확도를 높일 수 있다. 맞춤타겟으로 만들어진 고객 데이터를 상대로 유사타겟 광고를 집행하면 더 쉽게 구매 전환을 이끌어낼 수 있을 것이다.

　　타겟 만들기에서 '유사타겟'을 클릭한다. '소스'란에서 맞춤타겟의 이름을 선택한 후 아래 '위치'에서 '대한민국'을 선택한다. '타겟 규모'는 소스타겟과 유사성이 가장 높게 나타나는 1%로 하는 것이 좋다. 여기서 1%란 맞춤타겟으로 만들어진 데이터의 총 규모 중 1%를 말한다. '타겟 만들기'를 클릭해 만든 유사타겟을 사용하기 위해선 '광고 만들기'로 돌아와 '맞춤타겟' 박스 안을 클릭하면 된다. 그러면 생성한 유사타겟이 보일 것이다. 그것을 선택한 후 아래 상세 타겟팅에서 세부적으

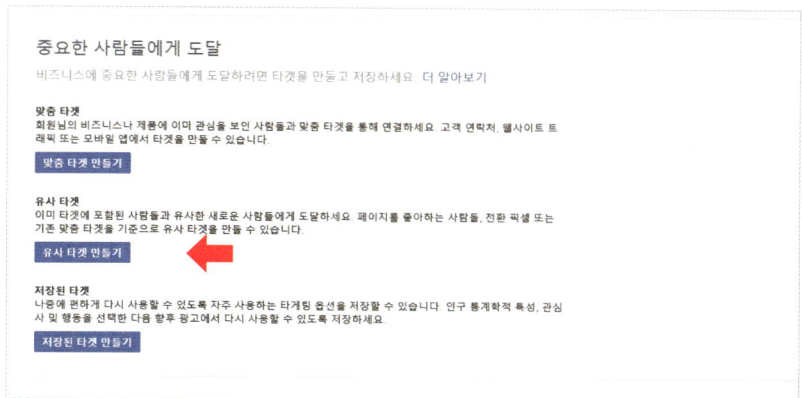

◎ 3가지 방식으로 타겟을 만들 수 있는데 이 중 '유사타겟 만들기'를 누른다.

로 설정한다. 유사타겟은 이미 만들었던 맞춤타겟 범위에서 조금 더 넓어진 개념의 타겟이라고 보면 될 것이다.

유사타겟의 경우 이미 맞춤타겟으로 모인 고객 데이터가 있기 때문에 범위를 너무 넓게 잡을 필요는 없다. 이미 추려놓았던 DB가 기준이 되었기 때문이다. 상세 타겟팅에서 조금 더 범위를 좁혀 운영하는 것이 효과적이다. 이처럼 페이스북 광고는 내게 꼭 필요한 대상들만 상대로 광고를 집행할 수 있는 정교한 타겟팅이 가능한 알고리즘을 지니고 있다. 단, 페이스북의 추적코드를 활용할 시엔 반드시 웹사이트가 있어야 효과적이다.

필자의 경험상 맞춤타겟으로 광고를 집행한 후 반응이 적을 경우 추가로 유사타겟을 설정해 광고를 집행하면 클릭률과 관련성 점수가 높게 나왔다. 필자의 개인적인 경험이라 치부할 수도 있지만 대부분의 광고주들이 유사타겟 광고를 선호하는 이유는 뛰어난 광고 효과를 직접

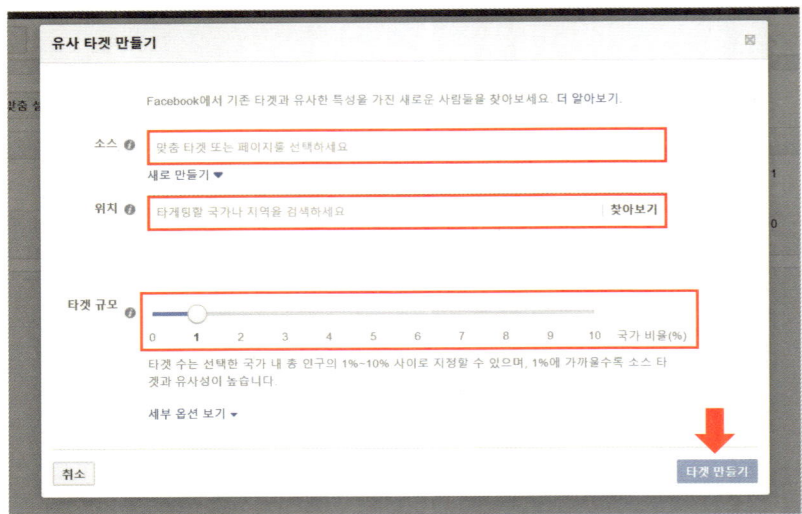

✿ 유사타겟은 소스타겟과의 유사성 정도 등을 선택해 진행할 수 있다.

체감했기 때문이다. 맞춤타겟과 유사타겟을 적절히 활용해 광고의 효율을 높이자.

리타겟팅으로 유입된 고객들을 다시 노리자

리타겟팅은 쉽게 말해 유입된 웹사이트에서 전환이 이루어지는 장바구니, 회원가입, 검색 등의 반응을 보인 사람들만 따로 모아 다시 그들에게 광고를 내보내는 형식을 말한다. 힘들게 광고를 노출해서 장바구니까지 고객을 유도했는데 왔다가 장바구니에만 담아놓고 구매하지 않는다면 얼마나 아쉬운 일인가? 그렇게 장바구니까지 왔다가 구매하지 않은 사람들에게 다시 광고를 노출시킨다면 구매 확률이 커지는 것은 당연하다. 리타겟팅 대상은 크게 2가지로 나뉜다. 하나는 광고를 클릭해 랜딩페이지까지 왔지만 이탈한 사람들과 또 하나는 장바구니까지 담았다가 구매하지 않은 사람들이다. 여기서 유의할 것은 2가지 경우 각각 다른 콘셉트와 전략을 가지고 접근해야 한다는 것이다. 즉 메시지를 달리해야 한다는 이야기다.

늘 강조하지만 사람들은 광고를 보았다고 바로 구매하지 않는다. 인지하기까지 시간이 필요하다. 인지하고 기억하게 하기 위해서 첫 번째로 할 일은 타겟들에게 지속적으로 광고를 노출하는 것이다. 광고를 본 고객들 중 광고를 직접 클릭한 사람은 우리 제품에 관심이 있다고 볼 수 있다. 바로 이 사람들을 공략하는 것이 리타겟팅이다. 리타겟팅 방법

유입된 고객들의 구매 및 이탈 패턴

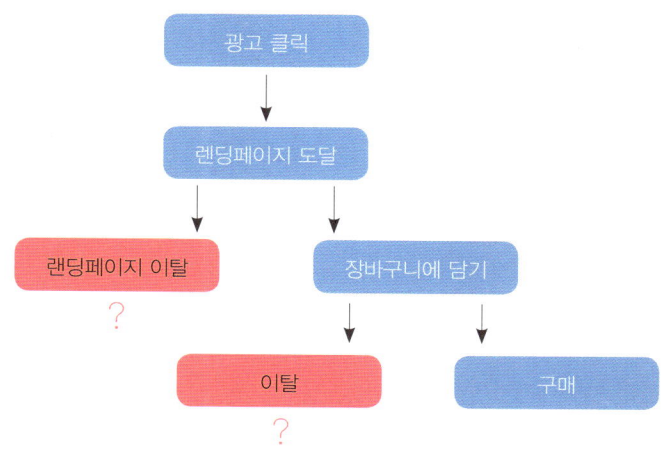

🔧 리타겟팅 대상은 유입된 고객들의 구매 및 이탈 패턴을 파악해야 특정 지을 수 있다.

은 앞에서 언급한 대로 1차 광고 랜딩페이지에 추적코드를 심은 뒤 그들을 대상으로 다시 광고를 하는 것이다. 그것이 리타겟팅의 기본 원리다. 맞춤타겟과 유사타겟으로 생성된 고객 데이터를 기반으로 그들에게 다시 광고를 보여주는 것이 리타겟팅이다.

온라인 마케팅의 경우 평균 6회 정도 광고를 노출하면 ROI(투자자본수익률)가 높게 나왔지만, 페이스북 광고의 경우 보통 5회 정도 노출하면 ROI가 높다는 통계가 있다. 리타겟팅은 소비자들에게 최소한 5번의 광고를 계속 보여준다.

페이스북에서 일단 맞춤타겟을 생성한 후 랜딩페이지마다 방문자 맞춤타겟 생성 코드를 삽입한다. 웹사이트 전체 방문객 통계, 장바구니 페이지 등 원하는 랜딩페이지에 각각의 추적코드를 심으면 페이스북 광고를 통해 들어온 소비자들의 흔적을 파악할 수 있다. 랜딩페이지에 맞춤타겟 생성 코드를 삽입하는 방법은 앞서 배운 대로 HTML에 픽셀코드를 삽입하는 방법과 '구글 태그 매니저(Google Tag Manager)'를 활용하는 방법이 있다. 구글 태그 매니저는 비개발자를 위한 프로그램으로 웹사이트나 모바일 앱에 코드를 업데이트할 때 쓰인다. HTML에 픽셀코드를 심을 때는 해당 웹사이트에 대한 코드를 수정할 필요가 있으며, 구글 태그 매니저를 활용할 때는 해당 웹사이트에 대한 코드 수정이 필요 없다.

리타겟팅 광고의 장점은 전환 달성 가능성이 높다는 것이다. 맞춤타겟은 이미 내가 집행한 광고에 반응을 보인 사람들을 모은 고객 데이터이기 때문에 불특정 다수의 일반인보다 충성도가 높다. 해당 제품에 대한 주목도도 높을 수밖에 없다. 이들을 대상으로 구매 전환을 위한 광고를 집행하기 때문에 전환 가능성이 높아지는 것은 당연하다. 이렇듯 처음 구축해놓은 맞춤타겟의 설정에 따라 향후 수익은 크게 달라질 수 있다.

그래프서치, 비즈니스 관리자

페이스북에는 그래프서치 기능과 비즈니스 관리자, 즉 비즈니스 계정 기능이 있다. 그래프서치를 활용하는 이유는 자신이 원하는 타겟층이 도대체 어떤 그룹, 어떤 페이지에 가입해 있는지 살펴볼 수 있기 때문이고, 비즈니스 관리자를 활용하는 이유는 개인계정에는 없는 기능을 이용하기 위해서다. 먼저 그래프서치부터 살펴보자. 그래프서치는 타겟들의 관심사나 성향 등을 파악해 더 정교한 광고를 만드는 데 활용이 가능하다. 이 기능을 활용하는 이유 중 하나는 친구들이 어떤 곳에서 놀고 있나를 파악해 친구들의 관심사를 분석할 수 있기 때문이다. 원래 미국 페이스북 이용자들에게만 제공되는 검색 기능이었으나 최근에는 국내에서도 언어 설정을 '한국어'에서 'English(US)'로 변경하면 사용할 수 있게 됐다.

··· 그래프서치로 고객의 관심사와 성향을 분석하자

페이스북 상단 우측 설정을 클릭해서 좌측 메뉴 중 '언어'를 누르면 언어를 영어로 바꿀 수 있다. 언어 설정 박스를 클릭해 'English(US)'를 선택하고 아래에 있는 '변경 내용 저장'을 누르자. 언어를 영어로 설정하면 메뉴의 대부분이 영어로 변경된 것을 볼 수 있다. 그런 다음 페이스북 검색창에 필자가 운영하고 있는 페이지 이름인 '한국SNS마케팅연구소'를 입력해보자.

검색 화면 메뉴 중 'Groups'을 선택하니 아래 필자의 페이지를 좋아하는 친구들이 가입해 있는 다른 그룹들이 보인다. 그래프서치의 이용

☼ 설정에서 언어를 영어로 바꿀 수 있다.

⚙ 언어를 영어로 변경하면 그래프서치를 확인할 수 있다.

방법은 간단하다. 검색창에 'groups joined by people who like 페이지 이름', 'pages liked by people who like 단체 이름', 'people who visited 장소 이름', 'people who work at 회사 이름', 'books liked by people who work at 회사 이름' 등을 검색하면 내 친구들이 어떤 활동들을 하고 있는지 볼 수 있다. 같은 원리로 'people who work at 한국sns마케팅연구소'를 입력하면 해당 페이지를 '좋아요'한 친구들이 가입해 있는 다른 그룹들을 볼 수 있다. 페이스북은 거미줄처럼 연결되어 있다. 친구와 친구를 맺은 모르는 이들이 촘촘히 엮여 있는 것이다. 그렇게 이루어지는 것이 바로 페이스북이 자랑하는 알고리즘이다. 이렇게 그래프서치로 이용자들의 관심사를 분석하면 소비자들의 성향을 쉽게 파악할 수 있을 것이다. 따로 이러한 데이터를 저장하는 기능은 없으므로 그때그때 체크한 사항들을 기록하자. 이렇게 소비자들의 성향 자료가 쌓이면 훗날 마케팅에 유용하게 사용할 수 있을 것이다.

비즈니스 관리자를 활용해보자

비즈니스 관리자란 쉽게 말해 회사계정을 관리하는 비즈니스용 계정을 말한다. 페이지를 만들 듯이 회사계정을 만들어 공동으로 사용하고 관리하는 것이다. 필자의 '한국SNS마케팅연구소'는 회사 이름이자 페이지의 공식계정이기도 하다. 이렇게 비즈니스 관리자를 만들면 회사 이름으로 페이지 계정을 생성하고, 해당 페이지를 관리할 직원을 관리자로 초대해 공동으로 운영할 수 있다. 혹은 외부 대행사를 활용해 광고를 집행할 때도 회사 페이지 관리자가 해당 대행사를 관리자로 초대해 대신 광고를 집행하게 할 수 있다. 필자가 다른 회사의 광고를 대행할 때도 클라이언트 페이지 관리자가 필자를 관리자로 등록하는 절차를 거친다. 비즈니스 관리자를 처음 설치하는 고객이라면 별도

 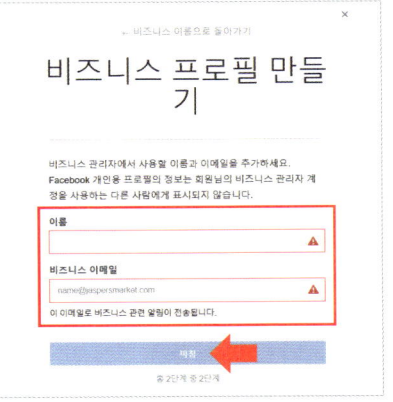

◎ 비즈니스 관리자 가입 화면. 비즈니스 이름을 입력하고 '계속'을 누르면 프로필 정보를 입력하는 창이 나온다.

○ 비즈니스용 계정을 만들면 비즈니스 관리자 화면이 열린다. 상단 우측 '비즈니스 설정'을 누르면 설정 화면이 나온다.

의 URL을 치고 들어가야 하는데, 페이스북 주소(www.facebook.com)에서 'www' 대신에 'business'를 사용하면 된다. 비즈니스 관리자 URL(business.facebook.com)에 접속해보자.

'계정 만들기'를 클릭하면 비즈니스 관리자 가입 화면으로 넘어간다. 비즈니스 이름을 정하면 프로필 정보를 입력하는 창이 나오는데 이름과 이메일을 적은 후 마침을 클릭하면 설정이 끝난다. 쉽게 말해 비즈니스용 계정이 바로 비즈니스 관리자라고 보면 된다. 비즈니스 관리자가 생성되면 기본적으로 광고계정은 2개만 생성할 수 있다. 계정이 더 많이 필요한 경우에는 페이스북 담당자 이메일로 추가해달라고 요청하면 된다.

비즈니스용 계정을 만들면 비즈니스 관리자 화면이 열린다. 페이스북 페이지를 꾸밀 때와 마찬가지로 커버 사진을 추가하고 페이지 프로필 사진으로 사용할 이미지를 넣는다. 그런 후 상단 우측에 있는 '비즈니스

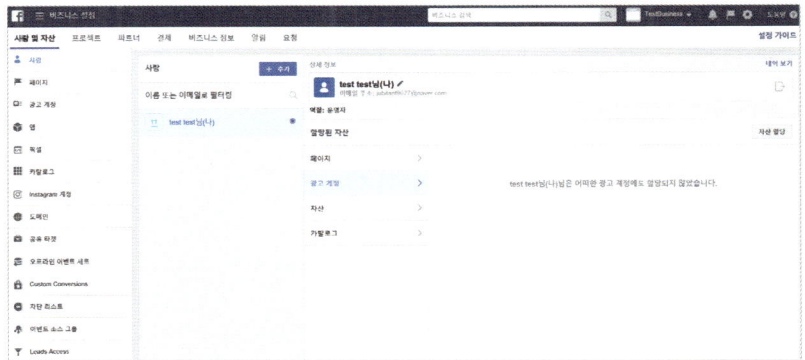

⚙ 비즈니스용 계정의 설정 화면. '사람' 탭에서 관리 권한을 설정할 수 있다.

설정' 버튼을 누르면 '사람', '페이지', '광고계정' 등을 설정하는 화면이 나오는데 필요한 부분을 채우면 된다. 설정 화면에서 '사람'은 페이지에 대한 관리 권한을 부여하는 것을 말한다. 즉 페이지에 광고계정이 2개가 있다고 하면 각각의 관리 권한을 직접 지정하는 것이다. 그리고 회사대 회사로 계정을 공유할 수 있는 기능을 파트너 할당이라고 부른다. 이럴 경우엔 접속권을 허용하면 된다. 광고주인 우리 회사가 소유자가 되고 일부 용도를 허용하는 것을 접속권이라고 부른다.

개인계정으로 만들어진 회사 페이지는 소유권이 개인인 내게 있지만 비즈니스 계정을 만들어 비즈니스 관리자로 운영권을 넘기게 되면 소유권이 개인에서 회사로 넘어가게 된다. 비즈니스 관리자를 만들기 전에는 내가 만든 회사 페이지에 댓글도 달고 답글도 달 수 있었지만, 비즈니스 관리자를 만들어 페이지의 소유권이 회사로 넘어가게 되면 댓글과 답글 모두 회사계정으로 운영된다. 비즈니스 페이지를 만들게 되면 개인계정은 관리자가 아니라 손님이 되기 때문에 비즈니스 관리자

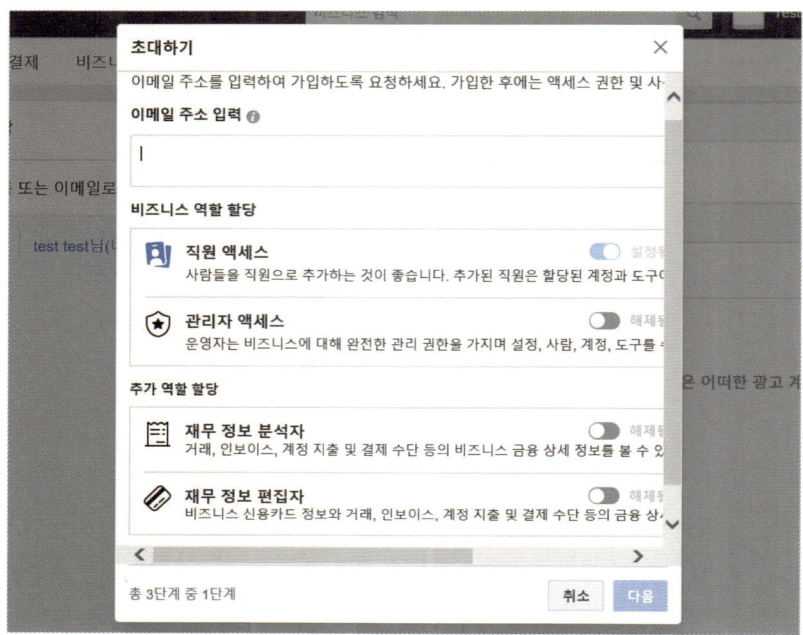

🔧 비즈니스 설정 화면에서 '사람' 탭에서 '추가'를 누르면 사람을 초대할 수 있게 된다.

로 별도로 들어가 관리 권한을 다시 지정해야 한다. 1인 사업자의 경우 비즈니스 관리자 운영을 크게 권하지 않지만 직원이 있고 회사 광고를 운영해주는 별도의 대행사가 있을 때는 반드시 만드는 것이 좋다.

비즈니스 설정 화면에서 '사람' 탭에서 '추가'를 누르면 사람을 초대할 수 있다. 초대할 사람의 이메일 주소를 작성하고 역할 담당을 설정해 권한을 부여한다. '직원 엑세스', '관리자 엑세스', '재무 정보 분석자', '재무 정보 편집자' 4가지 형태의 역할을 부여할 수 있다. 초대된 사람이 허락하면 그때부터 부여된 역할을 수행할 수 있다. 이메일 주소를 입력할 때 여러 사람일 경우엔 쉼표로 구분하면 된다. 4가지 형태의 역할에 따라 관리 권한이 다르고 수행할 수 있는 업무의 범위도 달라진다. 그러므로 실수로라도 필요 이상의 권한을 주는 건 지양해야 한다.

1단계 :
캠페인 설정하기

페이스북 광고는 3단계로 이루어진다. '캠페인(목표)', '광고 세트', '광고'의 3단계다. 각각을 '집', '집 안의 가구', '가구 안에 들어 있는 물건'으로 비유할 수 있다. 캠페인은 광고의 목표를 정하는 첫 단계다. 광고의 목표는 다시 '인지도', '관심 유도', '전환'이라는 3단계로 나눠지고, 인지도는 '브랜드 인지도'와 '도달'이라는 2가지로 나눠진다. 관심 유도는 '트래픽', '참여', '앱 설치', '동영상 조회', '잠재고객 확보', '메시지'로 나눠 진행할 수 있다. 마지막으로 전환 광고는 '전환', '카탈로그 판매', '매장 방문'이라는 3가지로 나눠진다. 지금 당장은 무슨 이야기인지 이해하기 어려울 것이다. 1단계인 캠페인부터 자세히 살펴보도록 하겠다.

페이스북 광고 3단계

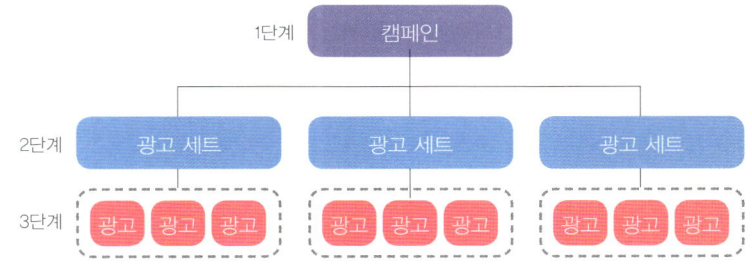

◎ 페이스북 광고는 '캠페인(목표)', '광고 세트', '광고' 3단계로 이루어져 있다.

페이스북 광고의 목표를 설정하자

페이스북 광고를 집행하기 앞서 광고가 무엇을 목표로 하는지 정확하게 정하는 것이 무엇보다 중요하다. 그래야 목표에 맞는 광고 세트가 구성되고 광고를 설정할 수 있다. 광고를 집행하기 전에 반드시 광고계획서를 작성해 어떤 콘셉트로 어떻게 제작해 어떤 결과를 얻을 수 있을지 예상해야 한다. 특히 목표에 맞는 콘텐츠의 구성이 중요하다.

강조하지만 앱 설치를 유도하기 위해서인지, 방문수를 높이기 위해서인지, 동영상 조회를 늘리기 위해서인지 광고의 목표를 정확히 설정한 후에 광고를 집행해야 한다. 예를 들어 앱 개발을 해서 앱 광고를 하는데 랜딩페이지의 URL이 앱 설치 화면이 아니라 홈페이지로 되어 있거나 앱에 대한 설명글만 잔뜩 있다면 원하는 목적을 이루기 힘들 것이다. 이 광고의 경우에는 클릭하는 랜딩페이지에 바로 앱 설치를 유도하는 URL이 있어야 효과를 볼 수 있다. 쿠폰 발행을 알리기 위한 목적이라

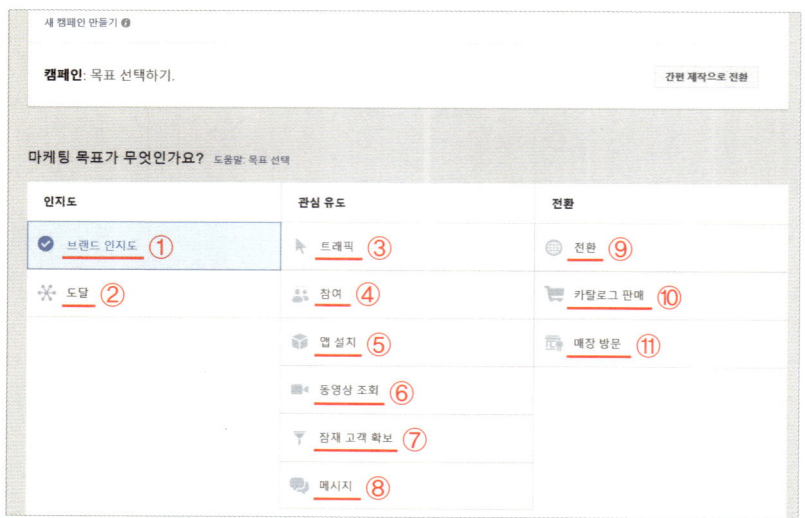

※ 캠페인은 광고를 집행하기 전에 큰 골격을 세우는 영역이다.

면 랜딩페이지에 구구절절한 설명 없이 쿠폰을 다운받을 수 있는 페이지가 있어야 한다. 이렇듯 페이스북 광고는 처음부터 목적이 분명해야 한다. 페이스북에서 가장 중요한 것은 캠페인, 즉 광고의 목표가 무엇인지를 정확히 파악해 랜딩페이지를 그 목표에 맞게 구성하는 것이다. 광고를 보고 유입된 사람들은 랜딩페이지에서 자신이 원하는 것이 없으면 순식간에 다른 곳으로 이탈한다. 그렇기 때문에 기껏 비용을 들여 광고한 콘텐츠가 무용지물이 될 수 있다.

캠페인은 광고를 집행하기 전에 큰 골격을 세우는 영역이다. 광고하고자 하는 이유와 목표를 세우는 단계이기 때문에 광고를 집행하기 전에 반드시 명확히 설정해야 한다. 간혹 다른 회사들이 집행한 광고를 보면 의도와 달리 랜딩페이지의 구성이 잘못된 것이 있다. 캠페인 단계를 명확하게 설정하지 못한 탓이다. 이럴 경우 고객들로 하여금 외면을 받을 수 있으며 회사의 브랜드 인식에도 악영향을 미칠 수 있다. 고객들은 해당 브랜드가 한 번 별로라고 생각되면 관련 광고가 다시 보이더라도 클릭하지 않는 경향이 있다. 잠재고객이 떠날 수 있다는 의미다.

페이스북 광고에서는 11가지의 목표 중 하나를 선택해 광고를 만들 수 있다. 이제부터 각각의 목표 항목에 대해 알아보자.

① 인지도 : 브랜드 인지도

브랜드 인지도는 광고에 관심을 가질 가능성이 높은 사람들에게 도달하는 광고를 만들 때 유효하다. 예를 들어 링크 클릭 유도가 목표라면 브랜드 인지도 광고를 통해 가장 낮은 비용으로 최대한 높은 링크 클릭 수를 얻을 수 있다. 말 그대로 브랜드 인지도 상승이 주목표인 것이다. 브랜드 인지도 목표를 성정하면 타겟에게 5일 동안 최소 2회 광고가 노출된다.

② 인지도 : 도달

브랜드 인지도가 노출 횟수와 관련이 있다면 도달은 노출 범위와 관련이 있다. 광고를 통해 타겟 내에서 최대한 많은 사람들에게 광고를 도달하는 것이 목표인 광고로서, 도달 목표를 사용하면 타겟에 대한 광고 노출 수를 최대한 높일 수 있다. 빈도 수를 관리해 같은 사람에게 광고가 다시 노출되기까지의 최소 기간도 설정할 수 있다. 한 사람에게 너무 많은 광고가 보이면 피로를 느끼게 되기 때문이다. 그래서 한 번 광고를 본 타겟에게 일정 기간의 시간을 두고 다시 노출시키게 하는 광고 기법이다. 최대한 많은 사람에게 광고를 노출하고 싶을 때 사용하면 상당히 효과적이다.

③ 관심 유도 : 트래픽

이미지나 슬라이드 형식으로 만들어져 있어 클릭하면 홈페이지나 쇼핑몰, 블로그, 카페, 스토어팜 등 외부 웹사이트로 이동하는 형식의 광고다. 이 광고에서 중요한 것은 이미지나 동영상을 제작할 때 사람들이 클릭하도록 주목을 끌 수 있는 크리에이티브한 전략과 광고 문구다. 랜딩페이지를 따로 만들어 그쪽으로 클릭을 유도하는 광고 방법으로 자세한 사용법은 광고 세트를 다룰 때 설명하기로 하겠다.

대부분의 페이스북 광고가 이 트래픽 광고를 가장 많이 사용하고 있다. 트래픽 광고는 랜딩페이지로 이동했을 때 추적코드를 심어 타겟팅

✿ 트래픽 광고를 통해 웹사이트로 이용자의 유입을 유도하는 피키캐스트(왼쪽)와 21세기북스(오른쪽)

을 할 수 있기 때문에 특히 더 유용하다. 뒤에서 자세히 설명하겠지만 트래픽 광고는 대표 이미지가 무엇보다 중요하며 대표 이미지를 클릭했을 때 나오는 랜딩페이지가 광고의 성패를 가른다. 또한 픽셀을 심을 수 있으므로 페이스북 광고는 가능하면 트래픽 광고로 집행하는 것을 추천한다.

④ 관심 유도 : 참여

페이스북 광고에서 많이 사용되는 방법 중 하나가 바로 페이지 참여 광고다. 참여 광고는 '게시물 참여', '페이지 좋아요', '이벤트 응답'의 3가지 형식으로 집행이 가능하며, 이전 항목 중 '쿠폰 발급'은 개편에서 없어졌다. '게시물 참여'는 페이지에 포스팅한 게시물을 광고하는 방법을 말한다. '댓글'과 '공유하기'를 활발히 하는 이용자들에게 우선적으로

✿ 참여는 '게시물 참여', '페이지 좋아요', '이벤트 응답'으로 나뉜다.

게시물을 노출하는 방식으로 페이지에 게시한 콘텐츠를 알리는 데 유용하다. '페이지 좋아요'는 페이지 자체를 홍보하는 것을 말한다. 페이지의 팬 수를 늘리는 데 유용한 방식이다. '이벤트 응답'은 '앱 이벤트' 광고와 '오프라인 이벤트' 광고 2가지로 나뉜다. '앱 이벤트' 광고를 사용하면 모바일 앱 설치 광고의 성과를 측정하고 광고 타겟팅을 위한 맞춤타겟을 구축해 모바일 앱 참여를 유도한다. 또한 사람들이 실행하는 특정 액션을 기반으로 동적인 맞춤타겟을 구축할 수 있는데, 장바구니에 품목을 추가했지만 아직 구매하지 않은 사람 등을 유사타겟으로 만들어 잠재고객에게 캠페인을 집행할 수 있다. '오프라인 이벤트' 광고는 회사가 가지고 있는 고객 데이터를 업로드해 광고하는 방식이다. 고객의 전화번호, 이메일 주소 등의 파일을 업로드해 맞춤타겟으로 활용한다.

⑤ 관심 유도 : 앱 설치

앱을 구매하거나 설치할 수 있는 위치로 타겟을 유도하는 데 필요한 방법이다. 모바일 앱 광고는 더 많은 사람들이 앱을 설치하거나 참여하도록 유도할 때 쓰인다. 스마트폰이나 태블릿에서 페이스북을 볼 때 뉴스피드에 모바일 앱 광고가 표시되는 구조다. 애플 앱스토어 또는 구글 플레이 스토어로 사람들을 안내해 앱을 설치하는 사람의 수를 늘릴 수 있다. 앱 설치 광고는 별도의 앱이 이미 있는 상태에서 진행해야 한다. 모바일 앱 설치를 유도하는 광고를 집행할 때는 아래 5가지 팁을 참고하자.

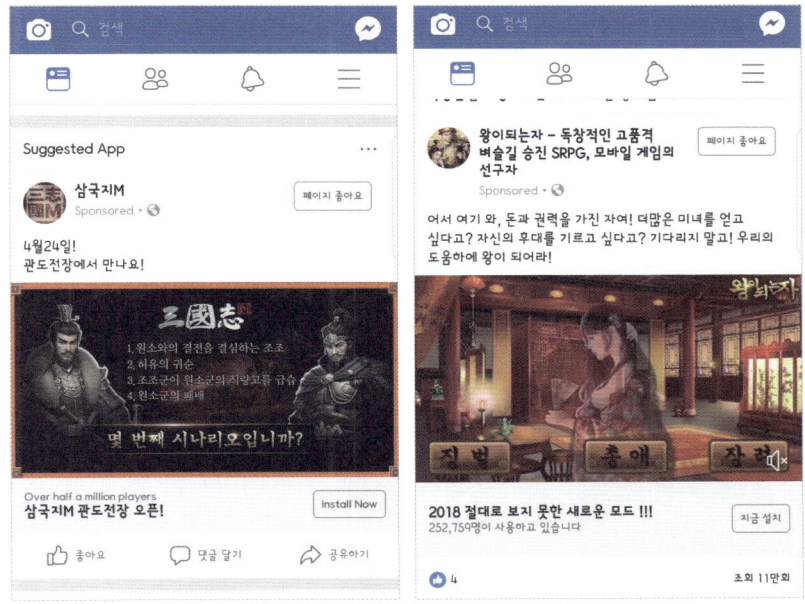

⚙ 앱 설치를 유도하고 있는 광고. 모바일과 태블릿에서만 노출된다.

1. 모바일 기기 이미지를 광고에 포함해 시각적으로 보여준다.
2. 강력한 통계 수치로 앱의 가치를 증명한다. 예를 들어 음악 앱이라면 제공되는 곡 수를, 특정 유틸리티 앱이라면 하루에 절약되는 시간을 보여주는 형식이다.
3. 앱의 기능을 시각적으로 보여준다.
4. 강력한 행동 유도 버튼('지금 설치', 'Install Now' 등)을 사용해 앱 설치를 유도한다.
5. 광고에 이미지와 동영상을 사용해 어느 쪽이 전환을 유도하는 데 가장 효과적인지 알아본다.

⑥ 관심 유도 : 동영상 조회

비하인드 영상, 제품 출시, 고객 사례 등을 콘텐츠로 활용해 동영상을 만들 때 유용하다. 관심 유도 항목에서 '동영상 조회'를 클릭한 후 아래 '계속' 버튼을 클릭한다. 동영상 조회는 가장 낮은 비용으로 10초 이상의 동영상의 조회수를 극대화할 수 있다. 동영상 콘텐츠를 즐겨 보는 타겟에게 광고를 표시한다. 동영상 조회 광고비용은 CPV(Cost Per Video View) 과금 방식을 도입했는데, 이는 10초 미만의 동영상에 대해 이용자가 전체의 97% 이상을 시청했을 때 광고주가 비용을 지불하는 방식이다.

⑦ 관심 유도 : 잠재고객 확보

우리 회사의 비즈니스에 관심이 있을 만한 이용자로부터 이메일 정보나 전화번호를 확보해 나중에 프로모션 등에 활용할 수 있는 광고 형식이다. 잠재고객 확보 광고는 광고에 문의 양식을 추가해 광고를 클릭한 사람의 이메일 주소 또는 연락처 정보를 요청할 수 있는 유형으로 우리가 흔히 볼 수 있는 뉴스레터, 견적서 등을 활용하는 광고에 쓰인다. 즉 고객의 데이터를 확보하기 위해 고객에게 무언가를 제공하는 방식이다. 잠재고객 확보 광고를 사용하면 3가지 장점이 있다.

1. 광고에 문의 양식이 포함된다. 사람들이 잠재고객 확보 광고를 클릭하면 연락처 정보를 보내달라는 메시지가 표시된다.
2. 비즈니스의 목적에 따라 잠재고객 광고에 질문을 맞춤 설정할 수 있다.

3. 광고 집행 후 페이스북에서 잠재고객의 데이터를 직접 다운로드할 수 있다.

⑧ 관심 유도 : 메시지

메시지는 고객에게 마케팅 관련 문구를 전달함으로써 잠재고객을 확보하고, 거래를 유도하고, 질문에 답변하고, 기타 지원을 제공할 수 있게 해주는 광고 목표다. 메시지 목표를 활용하면 타겟들에게 메시지를 통해 광고를 전달할 수 있다.

광고 설정에 들어가 문구나 제목 등을 작성하면 된다. 이때 제목과 문구 등은 메시지를 받아 보는 대상을 설득할 수 있어야 한다. 타겟에 따

✸ 메시지 목표를 선택하고 광고 설정에 들어가면 문구나 제목 등을 작성할 수 있다.

라 다르겠지만 한 사람만을 설득하면 된다는 마음으로 메시지를 작성해야 기업이 원하는 목표를 이룰 수 있음을 늘 기억하자. 문구는 너무 빼곡하게 적지 않아도 된다. 헤드카피는 간결할수록 가독성이 좋다.

⑨ 전환 : 전환

결제 정보 추가나 구매 등 우리 회사의 웹사이트나 앱에서 원하는 행동을 한 이용자의 데이터를 모으는 광고를 말한다. 페이스북에서 제공하는 픽셀 또는 앱 이벤트를 사용하면 전환을 추적하고 측정할 수 있다.

전환 광고 역시 전환 페이지에 고객을 추적하는 추적코드인 '전환 픽셀'을 심어야 추적이 가능하다. 전환 페이지에 심는 추적코드가 중요한

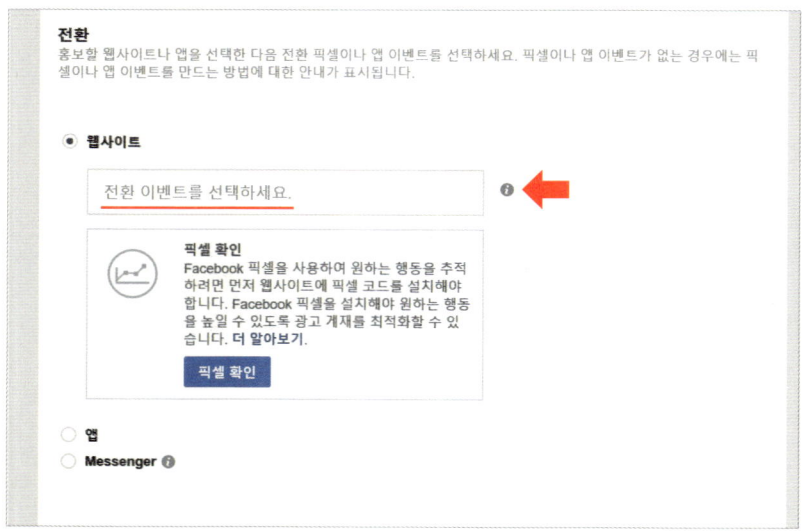

✪ 전환 광고 역시 전환 페이지에 고객을 추적하는 추적코드인 '전환 픽셀'을 심어야 추적이 가능하다. 앞서 배운 대로 픽셀을 활용해 맞춤전환을 만들 수 있다.

이유는 고객이 일단 웹사이트에 들어와 회원가입이나 장바구니, 검색, 다운로드 등 클라이언트가 목표로 한 액션을 취하면 물건을 구매할 확률이 높다는 뜻이기 때문이다. 그러므로 전환 페이지에 방문한 사람을 따로 모아 그들을 상대로 리타겟팅 광고를 하면 큰 효과를 볼 수 있다.

⑩ 전환 : 카탈로그 판매

타겟별로 카탈로그에 제품을 자동으로 표시하는 광고를 만드는 방법이다. 제품 카탈로그는 광고하려는 모든 제품 리스트가 포함된 파일을 말하는데 여기에는 각 제품의 'ID', '이름', '카테고리', '재고 여부', '제품 URL', '이미지 URL', '기타 제품 속성'에 대한 설명이 포함된다. 다른 플랫폼에서 제품 카탈로그를 이용해 광고하고 있다면 동일한 카탈로그를 활용할 수 있다. 다른 말로 '다이내믹 광고'라고도 불리는데 이 형식의 광고를 집행하려면 반드시 비즈니스 관리자가 등록되어 있어야 한다. 그리고 비즈니스 웹사이트에 페이스북 픽셀이 구현되어 있어야 하며 카탈로그에서 어떤 제품 ID가 조회되거나, 장바구니에 추가되거나, 구매되는지 보고하는 표준 이벤트를 사용하고 있어야 한다. 이렇게 준비를 마친 후에

◎ 유니클로의 카탈로그 판매 광고

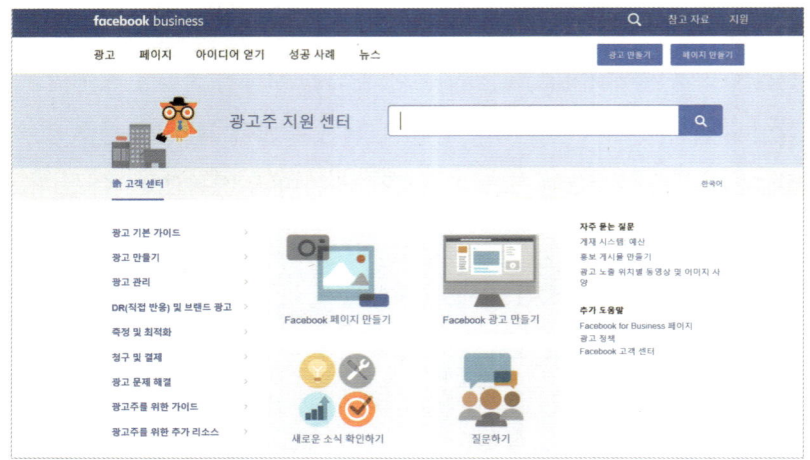

✿ 광고주 지원 센터에서는 광고 기본 가이드 등 광고주를 위한 각종 정보를 제공한다.

제품 카탈로그 판매 목표를 선택해 다이내믹 광고를 만들면 된다. 이 다이내믹 광고에 대한 자세한 소개는 페이스북 광고주 지원 센터(www.facebook.com/business/help/1598907360340114)를 참조하기 바란다. 다이내믹 광고는 의류 업체와 같이 제품이 다양한 업종이 활용하기 좋다.

⑪ 전환 : 매장 방문

과거에는 '주변 지역 홍보' 광고라는 이름으로 되어 있었는데 지금은 '매장 방문' 광고로 변경됐다. 근처에 있는 사람들에게 여러 비즈니스 위치를 홍보할 수 있는 방법으로, 광고주가 여러 매장을 소유하고 있을 때 특히 유용하다. 각 매장에서 가까이 있는 사람들에게 위치를 알려 방문할 수 있도록 유도한다. 이 광고의 특징은 찾아가는 길을 안내하거나

'맥도날드'를 검색했을 때 나오는 공동 매장들(왼쪽)과 용인에 위치한 맥도날드 지점(오른쪽)

가장 가까운 매장에 연락할 수 있도록 도와 지정된 반경 내 타겟에게 도달할 수 있다는 것이다.

매장 방문 광고가 효과적인 이유는 매장과 가까운 위치에 있는 고객에게 자동으로 노출되는 광고를 만들 수 있기 때문이다. 해당 광고로 수집한 데이터를 통해 각 매장의 잠재고객 정보도 파악할 수 있다. 매장 방문 광고 중 매장이 여러 개 있는 프랜차이즈 업체라면 각 지역에 2개 이상의 공동 매장이 있다는 것이 증명되어야 광고 집행이 가능하다. 매장이 여러 개일 때는 각 매장의 페이지를 따로 만들어 운영하는 것이 좋다. 지역 고유의 데이터 인사이트를 파악하는 데 용이하기 때문이다. 또한 매장 방문 광고는 파워에디터에서만 집행이 가능했었는데 2018년 2월부터는 통합된 광고 관리자에서 이용할 수 있게 되었다.

유명 프랜차이즈 맥도날드의 경우 페이스북에 검색하면 여러 공동 매장들의 페이지가 나온다. 매장이 여러 개가 있는 프랜차이즈 업체는 각 지역에 2개 이상의 공동 매장이 있다는 것이 증명되면 광고 집행이 가능하다. 이처럼 매장이 여러 개인 업종이라면 페이지를 따로 운영해 각각 광고를 집행하는 것이 좋다.

2단계 :
광고 세트 설정하기

캠페인을 정하면 이제 광고 세트를 설정해야 한다. 광고 세트의 세부 항목은 캠페인에 따라 바뀌는데 대표적인 5개 항목에 대해서만 알아보겠다. 페이스북은 업데이트를 자주하는 편이다. 그러니 페이스북 광고를 자주 하는 회사들이라면 어떤 메뉴가 새로 생기고 변경됐는지 꼼꼼히 챙겨봐야 한다. 광고 세트 항목은 캠페인(광고 목표)에 따라 달라지는데, 예를 들어 '쿠폰' 메뉴가 있는 캠페인은 '트래픽', '전환', '매장 방문' 3가지다. 이번 섹션에서는 '트래픽', '쿠폰', '타겟', '노출 위치', '예산 및 일정' 광고 세트에 대해 알아보겠다.

🔸 광고 세트는 크게 '트래픽', '쿠폰', '타겟', '노출 위치', '예산 및 일정'으로 나뉜다.

① 트래픽

광고를 최대한 많이 노출하고 클릭하게 하는 트래픽 광고의 특징은 페이스북이 자랑하는 추적코드를 랜딩페이지에 심을 수 있다는 점이다. 트래픽은 웹사이트와 앱, 그리고 메신저로 집행하는 3가지 방식으

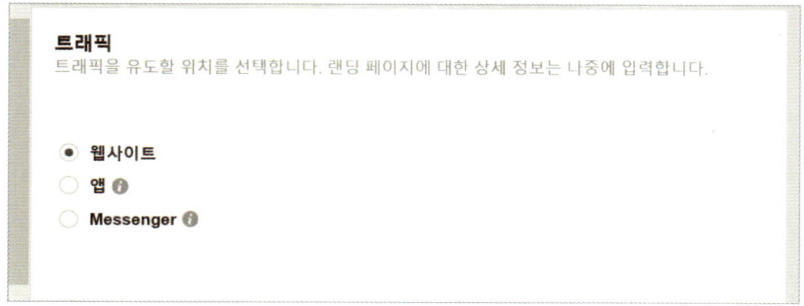

🔸 트래픽은 '웹사이트'와 '앱', 그리고 '메신저'로 집행하는 3가지 방식으로 나뉜다.

로 나뉘는데 일반적으로 웹사이트로 광고하는 방법이 가장 많이 쓰인다. 웹사이트는 광고를 보고 클릭한 사람들이 방문해 광고의 자세한 내용이 보이는 랜딩페이지를 말한다.

그래서 무엇보다 랜딩페이지를 클릭했을 때 구매를 유도할 수 있도록 만들어야 한다. 광고가 뉴스피드에 도달했을 때 이용자들은 관심 있

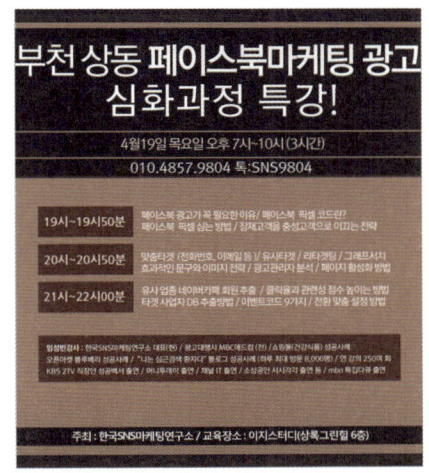

◉ 필자의 특강 관련 랜딩페이지. 랜딩페이지에는 물건을 살 수밖에 없는 합당한 이유가 명확하게 드러나야 한다.

는 광고를 클릭한다. 클릭했을 때 보이는 페이지는 수많은 경쟁사들의 광고를 뚫고 도달한 것이다. 결국 구매로까지 이어지려면 랜딩페이지의 역할이 중요할 수밖에 없다. 랜딩페이지에서는 물건을 살 수밖에 없는 합당한 이유가 명확하게 드러나야 한다. 매장 직원이 고객을 향해 최선을 다해 영업하듯이 랜딩페이지 역시 고객에게 충분히 어필할 수 있어야 한다.

② 쿠폰

쿠폰은 보통 가격을 할인해주는 개념이어서 효과가 좋다. 특히 평소 관심 있는 제품의 할인 쿠폰이라면 구매할 확률이 더 높아질 것이다. 광고 세트에서 쿠폰 항목을 설정하면 광고를 집행할 페이지 계정이 자동

적으로 생성되면서 '쿠폰 만들기' 메뉴가 같이 생성된다. 과거에는 '할인 쿠폰(%)', '할인 쿠폰(금액)', '1+1 쿠폰', '사은품 쿠폰'의 4가지 항목이 있었는데 개편 후에는 아래와 같이 통합해서 만들 수 있는 화면이 생겼다.

'쿠폰 만들기' 화면의 항목을 모두 작성하면 된다. 온라인 쿠폰 사용 시에는 쿠폰을 발행할 랜딩페이지가 있어야 하므로 랜딩페이지에 쿠폰 발행에 대한 상세한 설명을 담는다. 또한 '쿠폰 발급 한도'를 정해 쿠폰 수와 신청자 수를 동일하게 맞춰야 한다. 그리고 고급 옵션 중 '쿠폰 공유 차단' 항목이 있는데, 이는 쿠폰을 받은 사람이 다른 지인들에게 해당 쿠폰을 공유하는 행위를 차단하는 기능이다.

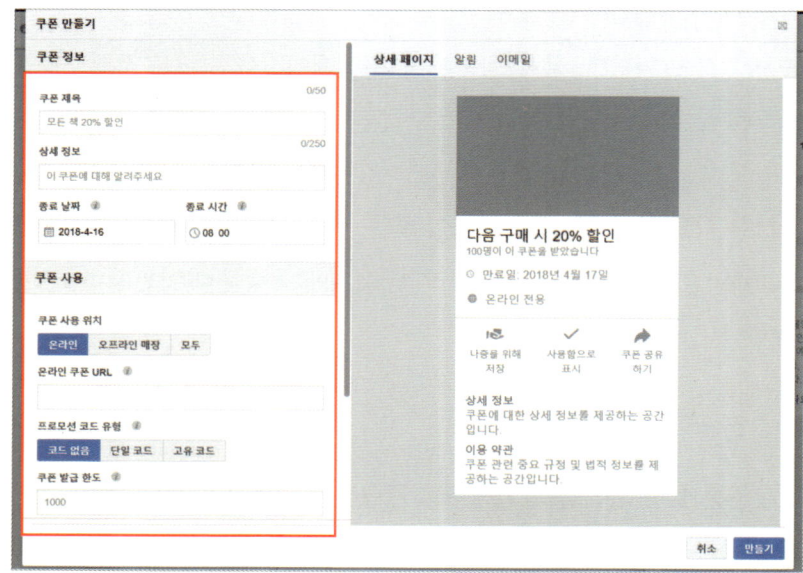

✿ '쿠폰 만들기' 화면. 해당 항목을 모두 작성하면 쿠폰을 만들 수 있다.

③ 타겟

관심사를 상세하게 타겟팅할 수 있는 광고 세트 영역이다. 여기서는 위치, 연령, 언어, 관심사를 설정해 타겟팅할 수 있다. 광고 세트 항목 중 '노출 위치'와 헷갈릴 수 있는데 타겟의 위치는 광고가 노출되는 지역 범위를 뜻한다. 위치의 경우 지역을 특정할 필요가 있는 업종, 즉 미용실과 같이 매장의 입지가 중요한 업종은 해당 매장의 위치를 중심으로 설정하는 것이 좋다. 매장 위치가 중요하지 않은 업종이라면 관심사를 중심으로 타겟팅하면 되지만 맛집 등 매장이 있는 업종은 위치가 특히 중요하다. 위치를 정할 때는 크게는 나라 단위로 구역을 설정할 수 있고 작게는 시나 구 등 상세한 지역까지 검색이 가능하다. 또 시나 구에서 특정 지역을 '핀 설정'을 통해 km 단위로 반경을 설정할 수 있다.

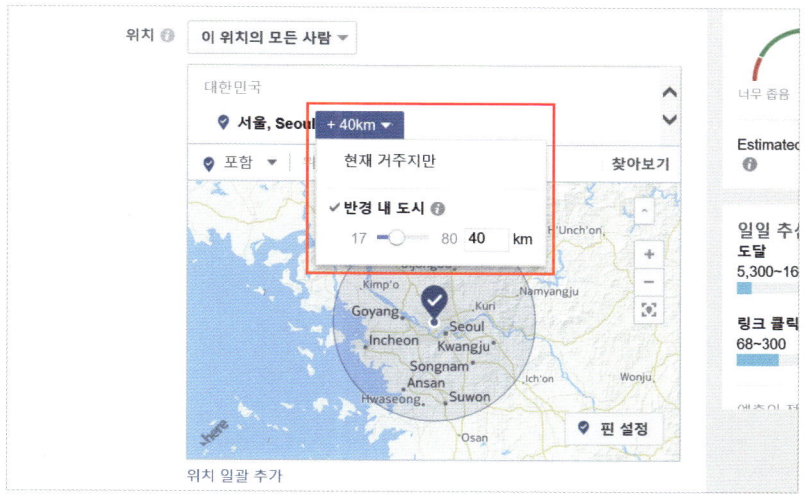

타겟 설정에서 특정 지역을 선택할 수 있다. '핀 설정'을 통해 km 단위로 조정할 수 있다.

위치를 설정할 때는 범위를 너무 넓게 잡지 않도록 하자. 물론 마케팅 비용이 충분해 범위를 넓게 설정한 후 관심사를 정해 광고를 집행하면 더할 나위 없이 좋겠지만, 개인 사업자나 소규모 회사에서는 어려운 일이다. 그래서 반경을 좁게 하고 관심사를 세부적으로 적용해 광고를 집행하기를 추천한다. 주의할 점은 처음 위치를 잡기 위해 서울이나 대구, 부산 등 큰 광역시를 설정하면 기본적으로 반경의 범위가 17km부터 시작되기 때문에 작은 범위를 설정하기 어렵다. 그럴 경우에는 '핀 설정'으로 직접 원하는 위치를 짚으면 지역 범위 설정을 1km부터 설정할 수 있어 유용하다.

지역 타겟팅 중 부산 지역은 바다를 끼고 있어 기본적으로 바다까지 범위에 잡혀 불만이 많았는데, 이번 업데이트를 통해 마름모꼴로 육지

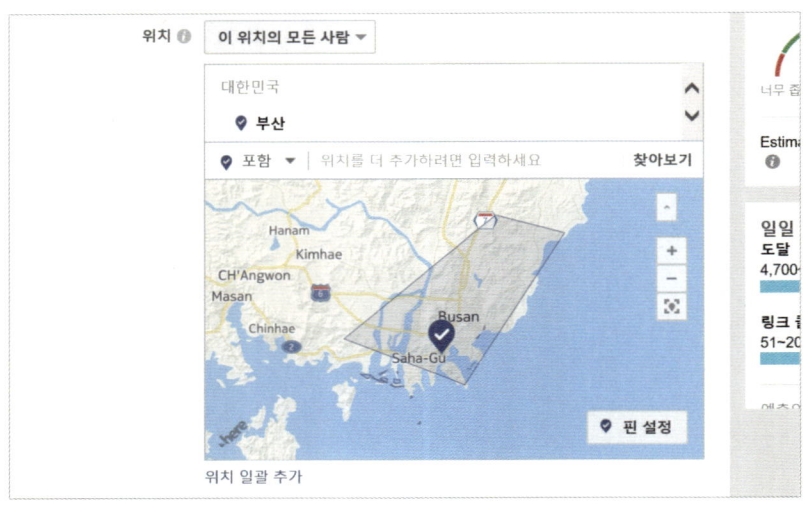

✪ 업데이트 이후 바다를 제외한 육지 부분만 선택이 가능해졌다.

◉ 상세 타겟팅 항목. '인구 통계학적 특성', '관심사', '행동', '추가' 4가지로 나뉜다.

만을 선택해 광고를 집행할 수 있게 됐다. '핀 설정'을 선택해 위치를 수정하면 다시 원으로 지역을 설정할 수 있다.

　연령과 성별의 경우 앞에서 자세히 설명했으므로 넘어가도록 하겠다. 위치와 연령, 성별을 정하면 언어를 정하는 항목에도 체크해주자. 보통 한국어를 쓰는 사람이 대다수이니 언어 설정은 '한국어'로 설정해주는 것이 좋다. 이 항목을 체크해주는 것만으로도 1천 명에서 1만 명까지 타겟을 줄이는 효과를 볼 수 있다. 외국인 관광객이 필요한 업종의 경우엔 언어 설정에서 해당 국가의 언어를 설정한다.

　상세 타겟팅 항목은 '인구 통계학적 특성', '관심사', '행동', '추가' 이렇게 4가지로 나누어진다. 이 항목을 업종에 맞게 설정하면 페이스북이 자랑하는 '하이퍼타겟팅'으로 페이스북 광고를 집행할 수 있게 된다. 대표적으로 인구 통계학적 특성만 살펴보면 '학력', '세대', '집', '중요 이벤트', '부모', '정치(미국)', '결혼/연애 상태', '직장'으로 상세하게 관심사를 구분할 수 있다. 앞의 항목들을 타겟의 관심사에서 제외하거나 포함시키면 타겟 규모가 줄어들어 광고주가 원하는 특정 이용자를 공략할 수 있다.

④ **노출 위치**

노출 위치란 해당 광고가 어느 플랫폼에 어떻게 노출되는가를 설정하는 항목이다. 업종에 따라 페이스북과 인스타그램에서의 노출 위치를 별도로 설정하는 것이 좋다. 인스타그램에 적합하지 않은 업종의 경우 노출 위치 수정에서 인스타그램을 해제한다. 만약 페이스북에 광고를 한다면 모바일에서 보이는지 데스크톱에서 보이는지 설정할 수 있고, 모바일이라면 뉴스피드에 노출되는지 데스크톱이라면 뉴스피드와 오른쪽 부분에 보이는 칼럼이라든지 세부적인 위치를 설정할 수 있다. 기본적으로 광고를 집행하게 되면 자동적으로 페이스북이 '자동 노출 위치(권장)'라는 항목을 권장하지만 이 부분 역시 2~3일 정도 다양하게 집행해본 뒤 현저하게 도달이 적은 항목을 해제하는 것이 좋다. 뷰티나 패션 등 여성들이 선호하는 업종이라면 인스타그램에 동시에 광고를 집행하는 것도 좋은 방법이다. 인스타그램에 광고를 집행하려면 페이스북 페이지 광고계정이 있어야만 한다.

노출 위치 설정 항목에 대해 알아보자. 페이스북의 '피드'는 내 소식과 친구들의 소식을 받아 보는 공간을 말하고, '인스턴트 아티클'은 언론사들의 기사를 보기 위해 링크를 타고 들어가는 것이 아니라 언론사들의 기사를 페이스북 자체에서 볼 수 있는 콘텐츠다. 모바일에서만 구현되는 서비스로 따로 언론사 웹페이지로 이동하지 않아 빠르게 기사를 확인할 수 있다. '인스트림 동영상'은 1분 이상의 긴 동영상 콘텐츠를 시청하는 이용자들에게 노출되는 광고로 최대 15초 길이의 동영상이다. 스킵이 불가능하다는 특징이 있다. 오른쪽 칼럼은 데스크톱 화면 시 우측에 보이는 광고를 말한다.

인스타그램에서 '피드'는 인스타그램에 내가 올린 게시물과 친구가 올린 게시물이 함께 보이는 공간을 말한다. '스토리'는 인스타그램 스토리로 올린 사진이나 동영상이 24시간만 공유되는 방식의 광고를 말한다.

'오디언스 네트워크(Audience Network)'는 퍼블리셔와 개발자들이 자신들의 앱이나 웹사이트에서 페이스북 가입자들에게 맞춤형 광고를

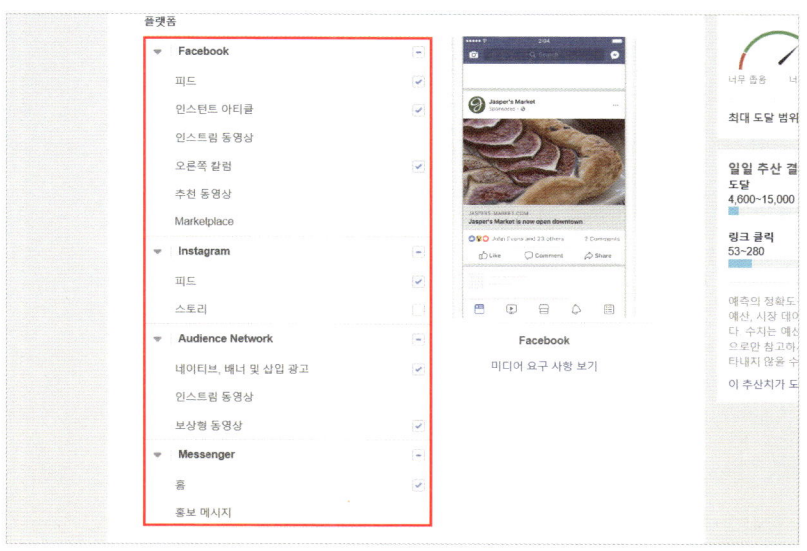

⚙ 노출 위치 설정 항목. 다양하게 집행해본 뒤 도달이 적은 항목을 해제하는 것이 좋다.

보여주는 기능이다. '네이티브, 배너 및 삽입 광고'와 '인스트림 동영상'으로 앱 기반의 모바일 환경에서도 페이스북의 타겟팅 기능을 이용할 수 있는 오디언스 네트워크의 기능을 최대한으로 발휘할 수 있다. '보상형 동영상'은 해당 영상을 시청하는 사람들에게 특별 아이템 등 앱 내에서 보상권을 제공하는 방식의 광고 노출 방법이다. 게임 앱 등에서 광고를 시청하면 보상을 주는 형식이 대표적인 사례다.

'메신저(Messenger)' 광고는 모바일 앱에서만 사용할 수 있으며, 사람들이 광고를 누르면 광고주가 광고를 만들 때 선택한 랜딩페이지로 이동하게 된다. 랜딩페이지가 웹사이트인 경우 메신저 브라우저에서 열리는 광고 형식이다. 홍보 메시지는 이전에 우리 회사의 계정과 메시지로 대화를 나눈 적이 있는 사람들을 타겟팅해 재참여를 유도하기 위한 광고다. 홍보 메시지는 광고 관리자를 통해 만들 수 있다.

⑤ 예산 및 일정

위치, 연령, 성별, 언어, 노출 위치 등 상세 타겟팅을 설정했으면 이제 언제부터 언제까지 하루에 얼마를 책정해 총 얼마의 예산을 사용할 것인가를 정해야 한다. 마케팅 비용이 충분하지 않은 소상공인들의 경우 최대한 낮은 비용으로 효과적인 광고 집행 전략이 필요하다. 광고비용은 성별, 연령별 타겟팅에 따라 단가가 달라질 수 있다. 예를 들어 페이스북 이용자 중 가장 많이 활동하는 연령층은 아무래도 대학생일 것이다. 그들을 상대로 하는 광고는 여타 연령층을 타겟으로 하는 광고보다 아무래도 비용이 덜 들어갈 수밖에 없다. 도달이 많이 되는 연령층이므로 광고가 노출되기 쉬워 횟수가 많아지면서 광고비 또한 저렴하게 책정되기 때문이다.

　예산을 정할 때 주의할 점이 있다. 광고비가 기본적으로 달러로 표시되는데 광고를 처음 집행하는 사람은 이를 원화로 착각해 낭패를 보는 경우가 있다. 예를 들어 하루 광고비용을 100달러로 하고 기간을 한 달로 설정하면 한 달 광고비로 무려 300만 원이 소비된다. 처음이다 보니 아무래도 타겟층을 자세히 나누지 않고 광고를 해서 300만 원이나 썼는데 매출은 거의 일어나지 않는다. 이런 일을 겪고 싶지 않다면 반드시 달러인지 원화인지 꼭 확인하는 것이 필요하다. 또한 하루 광고비와 기간을 너무 과하게 책정하지 말자. 총액을 많이 설정하고 기간도 길게 설정하는 경우가 많은데, 우선 하루 광고비를 1만 원 정도로 해서 5일이나 7일 정도 통계를 분석한 후 차후 기간과 금액을 재설정하는 것이 효율적이다.

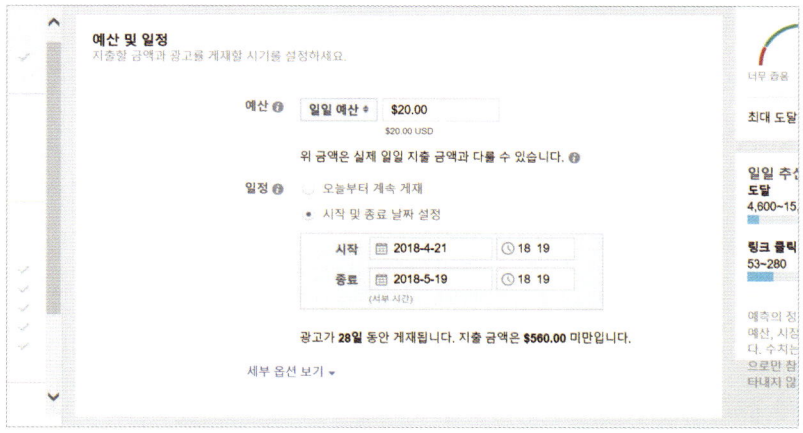

✿ 예산 및 일정 화면에서 광고 지출 금액과 게재 시기를 설정할 수 있다.

광고 게재 최적화 기준

광고비용을 책정한 후 해당 광고를 누가 어떻게 클릭할 것인가를 책정하는 항목이 '광고 게재 최적화 기준' 항목이다. 세부 항목은 '링크 클릭', '랜딩페이지 조회', '노출', '일일 고유 도달' 이렇게 4가지 방식으로 나눠진다. 별도로 '입찰 전략', '청구 기준', '광고 일정', '게재 유형'이라는 4가지를 책정할 수 있다.

링크 클릭은 랜딩페이지로 연결되는 광고 링크를 클릭할 가능성이 높은 사람에게 광고를 표시하는 방식이다. 비용도 가장 낮아 광고를 처음 집행하는 회사에게 알맞은 방식이다.

랜딩페이지 조회는 광고의 링크를 클릭하는 행동에서 더 나아가 랜딩페이지를 읽을 가능성이 높은 타겟에게 광고를 게재하는 형식이다. 마찬가지로 랜딩페이지에 픽셀을 설치하면 유입된 이용자들의 데이터를 모을 수 있다. 이러한 광고가 가능한 이유는 페이스북이 회원들의 습관을 파악해 그들에게 맞는 광고를 보여주기 때문이다. 랜딩페이지 조회 역시 이런 알고리즘을 바탕으로 랜딩페이지를 읽을 의사가 있는 이용자를 찾아낸다.

노출은 광고가 화면에 표시된 횟수를 말하며, 설정한 타겟에게 최대한 여러 번 표시되는 광고 방식이다.

마지막으로 일일 고유 도달 방식은 타겟에게 최대 하루에 한 번씩은 광고를 표시하는 방식이다. 동일한 사람에게 노출 빈도가 많아지면 구매 전환 확률도 높아진다.

광고 게재 최적화 기준 하단에는 별도로 '입찰 전략', '청구 기준', '광

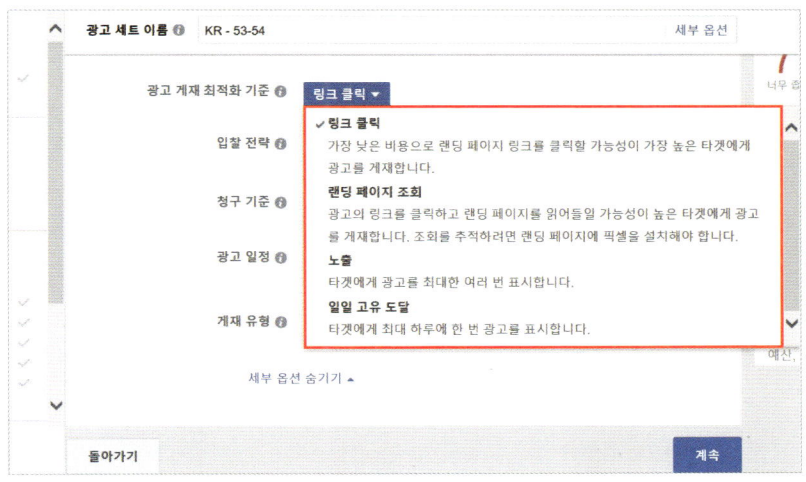

🟠 광고 게재 최적화 기준의 세부 항목은 '링크 클릭', '랜딩페이지 조회', '노출', '일일 고유 도달' 이렇게 4가지 방식으로 나눠진다.

고 일정', '게재 유형'을 책정할 수 있다. 입찰 전략에서는 입찰가 한도를 설정할 수 있는데 효율적인 예산 지출을 위해 링크 클릭당 지출 예산을 한정 지을 필요가 있다. 청구 기준은 '노출'과 '링크 클릭'의 2가지 항목으로 나누어진다. 노출은 타겟으로 정한 대상에게 광고가 노출되면 광고비를 지불하는 방식이다. 링크 클릭은 말 그대로 노출된 광고를 클릭한 경우에 광고비를 지불하는 방식이다. 광고 일정은 광고를 일주일 중 특정 요일과 시간에 게재하도록 예약할 수 있는 방식이다. 광고 일정은 '항상 게재'와 '일정에 따라 게재' 2가지가 있는데 일정에 따라 게재의 경우 총 예산에서만 사용할 수 있다는 차이점이 있다. 풀어 말하자면 클릭당 광고비를 지불하는 방식이 아니라 설정한 금액을 지불하는 방식이다.

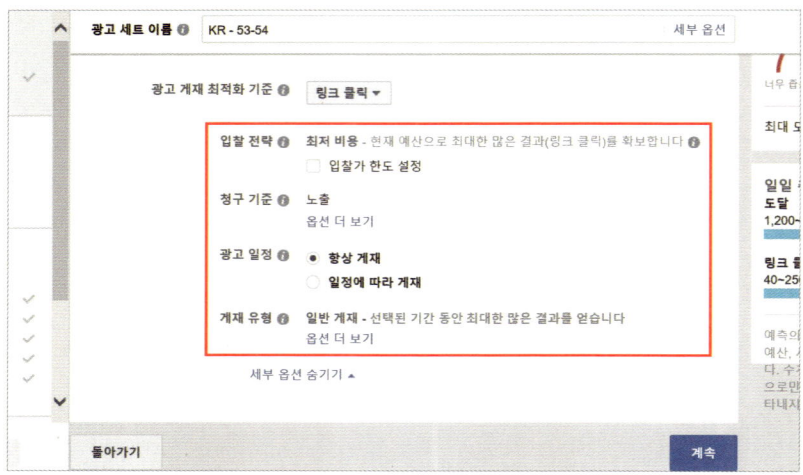

○ 별도로 '입찰 전략', '청구 기준', '광고 일정', '게재 유형'을 책정할 수 있다. 게재 유형은 '일반 게재'와 '빠른 게재' 2가지로 나눠진다.

'게재 유형'은 '일반 게재'와 '빠른 게재' 2가지로 나눠진다. 일반 게재는 선택한 일정 기간 내내 광고를 노출하는 형식으로 페이스북이 권장하는 방법이기도 하다. 빠른 게재는 최대한 자주 광고를 표시하는 방식이다. 빠른 게재 방식은 입찰 전략 항목 중 '입찰가 한도 설정'을 선택한 경우에 설정할 수 있다. 이 경우 광고를 최대한 자주 표시하므로 평균 비용이 증가하고 예정된 종료 날짜 이전에 광고 게재가 중단될 수 있지만 예산을 초과하지는 않는다. 페이스북 광고는 자신이 설정한 예산 내에서만 광고비가 사용되므로 추가 비용에 대한 우려가 없다. 다만 원화와 달러 표기를 헷갈려 비용이 과도하게 청구되거나 광고를 더 집행하고 싶지 않을 때 따로 광고를 중지하지 않아 비용이 계속 청구되는 등 부주의로 인한 손실 비용은 개인이 부담해야 한다. 또한 뒤에서 구체적으로 설명하겠지만 광고 결제는 달러가 원화보다 유리하다. 원화로 결제했을 때 달러에 비해 더 지출하게 되는 수수료도 당연히 개인의 몫이다. 당장은 적은 돈처럼 보일 수 있지만 실수로 손실이 누적되면 큰 손해를 볼 수 있다. 광고 집행 과정 중 수시로 잘못된 부분은 없는지 꼼꼼하게 확인해야 하는 이유다.

SECTION ♥ 06

3단계 : 광고 게재하기

광고 만들기 화면에서 왼쪽 하단에 광고 항목을 보면 기본적으로 '대표 계정', '형식', '미디어', '문구', '링크' 등으로 나눠져 있다. 이 항목들은 캠페인(목표)에 따라 조금씩 다르다. 예를 들어 캠페인 목표가 '앱 설치'일 경우 '대표 계정', '형식', '미디어', '문구'라는 4가지 항목이 나오지만, 캠페인 목표가 '트래픽'일 경우 '미디어', '문구'를 제외한 '대표 계정', '형식', '링크'의 3가지 항목만 나오는 식이다.

① 대표 계정

대표 계정 항목에서는 광고에 표시될 페이스북 페이지 계정과 해당

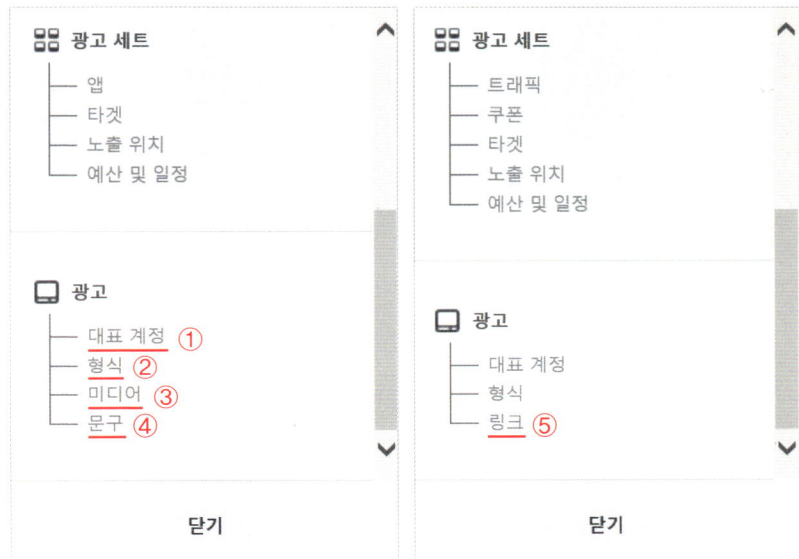

◎ 캠페인 목표가 '앱 설치'일 때(왼쪽)와 '트래픽'일 때(오른쪽)

페이지와 연동된 인스타그램 계정을 선택할 수 있다. 이를 통해 페이스북과 인스타그램에 동시에 광고를 게재할 수 있다.

◎ 대표 계정 항목에서는 페이스북 페이지 계정과 해당 페이지와 연동된 인스타그램 계정을 선택할 수 있다.

② 형식

광고의 형식엔 '슬라이드', '단일 이미지', '단일 동영상', '슬라이드쇼' 4가지가 있는데, 이 역시 캠페인에 따라 조금씩 다르게 나타난다. 슬라이드의 경우 일반적인 카드뉴스 콘텐츠처럼 2개 이상의 이미지나 동영상을 스크롤해 볼 수 있는 형식이다. 단일 이미지와 단일 동영상은 말 그대로 각각 하나의 이미지와 동영상이 포함된 형식을 말하며, 슬라이드쇼는 10개 이상의 이미지가 반복되어 재생되는 형식을 말한다. 형식에 대해서는 뒤에서 다시 자세히 설명하겠다.

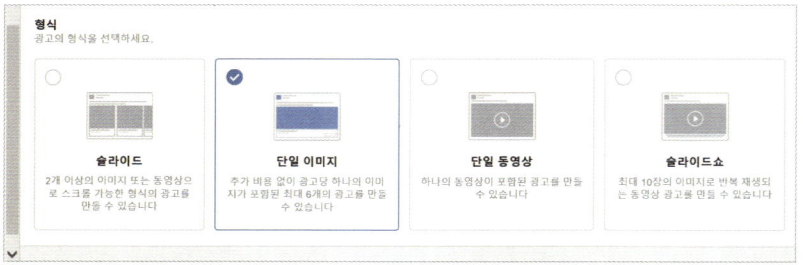

광고의 형식엔 '슬라이드', '단일 이미지', '단일 동영상', '슬라이드쇼' 4가지가 있다.

③ 미디어

미디어는 광고를 집행할 때 사용하는 이미지를 말한다. 이미지 크기는 가로 1,200px(약 32cm), 세로 628px(약 17cm)를 권장하고 있지만 조금 작아도 상관은 없다. 여기서 중요한 건 이미지 안에 들어가는 텍스트의 비율이 이미지 전체의 20% 이상이면 광고가 승인되지 않을 수 있다는 것이다. 너무 많은 텍스트를 이미지 안에 넣는 것은 지양해야 한

☼ 미디어에서는 광고에 사용할 이미지를 업로드할 수 있다.

다. 그렇기 때문에 되도록 이미지가 좋으면 텍스트를 넣지 않는 것을 추천한다.

④ 문구

문구는 광고 이미지 상단 부분에 보이는 글을 말한다. 이미지에서 못다 쓴 설득의 메시지를 이곳에 핵심만 짚어 적어주면 되는데, 장황한 설명보다는 고객들에게 꼭 필요한 정보를 간단명료하게 적는 것이 좋다. 모바일에서도 문구는 동일하게 노출되므로 데스크톱을 기준으로 광고를 집행하더라도 이 부분은 염두에 두어야 한다. 인스타그램에서는 이미지 아래에 문구가 노출된다.

제목은 헤드라인으로 생각하면 된다. 클릭을 이끌 수 있는 전략이 필요한 부분이기도 하다. 페이스북 강의에 참석한 수강생들의 이야기를 들어보면 필자의 강의 광고 헤드라인에 이목이 쏠려 오게 됐다는 경우가 많았다. 물론 업종에 따라 다르겠지만 필자의 사례처럼 이미지보다 '제목', 즉 문구를 보고 유입되는 이용자도 많다는 점을 기억하자.

☼ 문구에서는 원하는 위치에 텍스트를 삽입할 수 있다.

☼ 문구를 기재한 경우(왼쪽)와 제목을 기재한 경우(오른쪽)

⑤ 링크

링크는 광고가 노출되고 클릭했을 때 보이는 랜딩페이지를 연결하는 영역이다. 또한 이미지와 문구를 적는 영역이며, 최대한 많은 클릭을 유도하는 아이디어가 필요한 곳이다. 링크의 자세한 활용법은 뒤에서 다시 다루겠지만, 간단히 설명하자면 형식을 정하고 광고 미디어를 설정한 후 링크와 광고에 들어갈 문구 등을 적는 영역이다. 문구 항목과 마찬가지로 고객을 유혹하는 헤드라인을 정하는 곳이므로 가장 중요한 항목일지도 모른다. 또 링크에 랜딩페이지 주소를 입력할 수 있는데, 이때 추적코드를 심은 워드프레스나 웹반응형 사이트로 제작된 홈페이지를 활용할 수 있다.

··· 광고의 성과는 광고 형식에 달려 있다

　광고 목표와 광고 세트를 설정한 후 어떤 형식으로 광고를 집행하느냐에 따라 그 결과가 달라질 수 있으니 여러 가지 형식으로 집행해보는 것이 좋다. 절대적이진 않지만 광고의 통계를 보면 초보자들이 가장 많이 사용하는 형식은 단일 이미지와 단일 동영상, 슬라이드 형식이며, 중급자 이상은 슬라이드쇼 등 동영상 콘텐츠를 주로 활용하는 경향이 있다. 물론 업종에 따라 형식에 대해서는 다르게 접근해야 한다. 최근에는 동영상 콘텐츠를 활용한 맞춤타겟 광고가 많이 이용되고 있는 추세다. 광고 집행 과정은 크게 상이하지 않으므로 여기서는 초보자들이 많이 사용하는 슬라이드 형식과 중급자 이상이 많이 사용하는 슬라이드쇼 형식에 대해서만 자세히 살펴보겠다.

슬라이드 형식

　2개 이상의 이미지 또는 동영상으로 스크롤 가능한 형식의 광고다. 슬라이드 형식의 광고를 만들기 위해서는 앞에서 잠깐 언급했던 링크를 사용해야 한다. 필자의 경험상 이미지는 2개보다는 4개 정도를 만들어 운영하는 것이 더 효과적이었다. 슬라이드 형식도 마찬가지로 이미지에 텍스트의 비중이 20%를 넘기면 광고 승인이 떨어지지 않는다. 슬라이드 형식의 활용할 이미지의 사이즈는 가로와 세로 모두 1,080px(약 28cm)이다. 링크에는 2개의 박스 옵션이 있는데 첫 번째 박스인 '가장 성과가 좋은 슬라이드를 자동으로 먼저 표시'에 체크한 후 아래에 보면 '1', '2', '3', '+'가 보일 것이다. 숫자는 이미지의 개수를 정하는 것으로 만약 4개의 슬라이드를 만들고 싶다면 '+' 버튼을 눌러 숫자를 늘리면 된다.

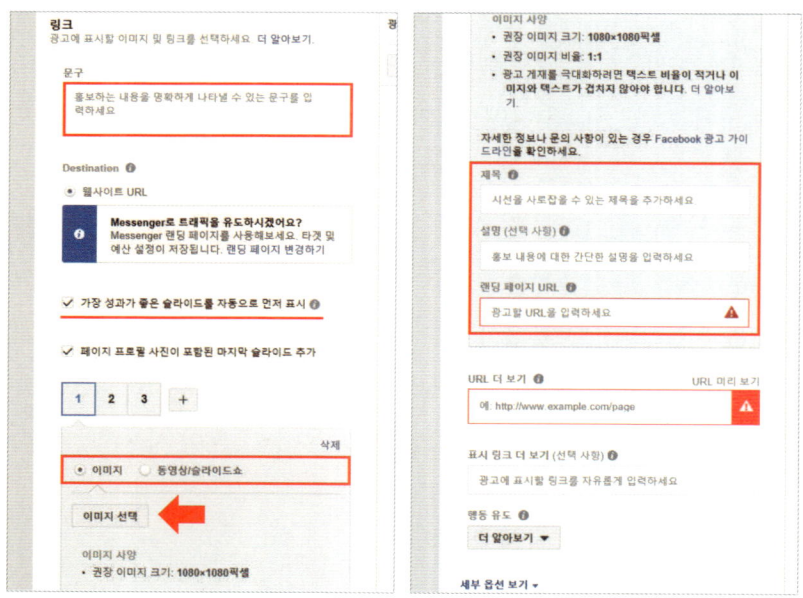

⚙ 링크 설정 상단 부분(왼쪽)과 하단 부분(오른쪽). 문구와 이미지 또는 동영상, URL을 설정할 수 있다. '이미지 선택'을 누르면 이미지 업로드 메뉴가 나온다.

이미지의 개수만큼 슬라이드를 늘렸다면 각 번호 숫자에 맞게 이미지를 넣고 그 이미지에 맞는 제목과 설명 등을 작성한다. 그리고 이미지를 클릭하면 링크가 연결되는 랜딩페이지 주소를 넣는다. 'URL 더 보기'는 슬라이드 광고의 마지막 슬라이드에 표시되며, 광고의 행동 유도 버튼에서 랜딩페이지 주소와 다른 URL을 입력할 수 있다. '행동 유도' 버튼 설정 시에도 랜딩페이지에 알맞는 버튼을 사용해야 한다.

'이미지 선택'을 누르면 창이 하나 뜨는데 기본적으로 '이미지 업로드' 메뉴가 선택되어 있으며 아래 박스 안의 화살표 부분을 누르면 자신의 컴퓨터 폴더가 열린다. 폴더에서 미리 만들어놓은 이미지를 선택해 가져오면 된다.

이미지를 각 번호에 맞춰 삽입한 후 각 번호 밑에 헤드라인과 본문

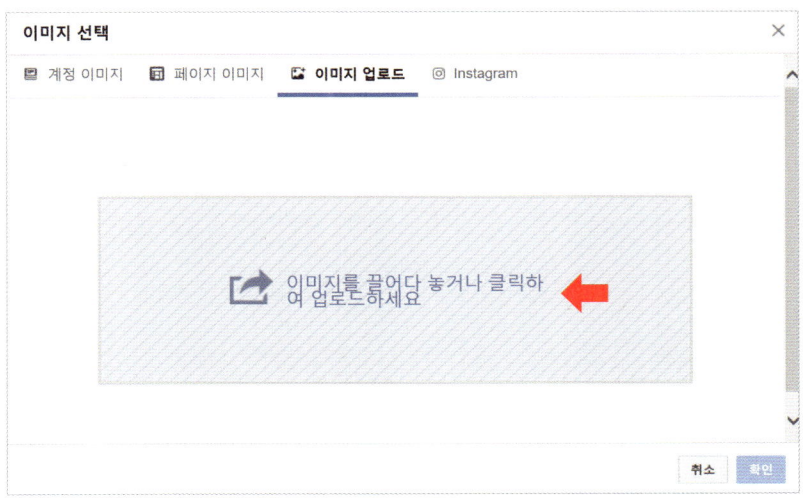

◐ '이미지 선택'을 누르면 이미지 업로드 메뉴가 나온다. 박스 안의 화살표 부분을 누르면 자신의 컴퓨터 폴더가 열린다.

내용을 적어준다. 헤드라인과 본문은 숫자를 누른 후 아래 나오는 '제목'과 '설명' 칸에 글을 채워주면 된다. 길게 작성할 수 없으므로 핵심만 압축해서 임팩트 있게 적는 연습이 필요하다. '랜딩페이지 URL' 박스엔 이미지를 클릭했을 때 나오는 랜딩페이지 주소를 복사해서 붙여넣는다. 이러한 작업을 이미지 개수만큼 같은 방법 반복하면 된다. 상단의 문구를 작성하는 큰 박스는 광고에 대한 자세한 내용을 써주면 된다. 이 제품을 왜 구입해야 하는지 설득력 있게 풀어낸 문구면 더욱 더 좋다. 홈쇼핑에서 주로 쓰는 '매진 임박', '이번 봄 단 한 번의 세일' 등 구매를 유도하는 적극적인 문구들을 참고해보자.

마지막으로 '행동 유도' 버튼을 클릭해 광고에 맞는 버튼을 선택한다. 대표적으로 '지금 신청하기' 버튼의 경우 소비자들에게 지금 당장 신청하라는 메시지를 준다. 이외에도 '버튼 없음', '문의하기', '쿠폰 받기',

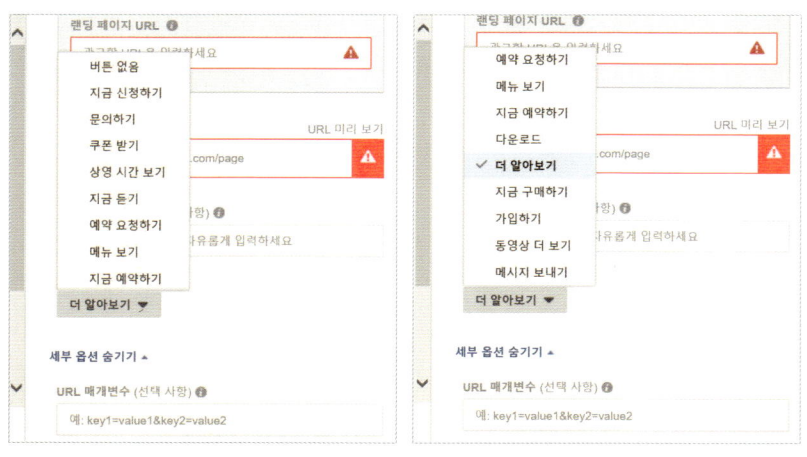

💡 행동 유도를 설정해 광고에 맞는 버튼을 선택할 수 있다. 행동 유도 항목 상단(왼쪽)과 하단(오른쪽)

'상영 시간 보기', '지금 듣기', '예약 요청하기', '메뉴 보기', '지금 예약하기', '다운로드', '더 알아보기', '지금 구매하기', '가입하기', '동영상 더 보기', '메시지 보내기'가 있다. 마지막으로 '검토'를 눌러 잘못 설정된 것이 없는지 잘 살핀 후 '확인'을 누르면 된다.

슬라이드쇼 형식

최대 10개의 이미지가 반복 재생되는 동영상 광고를 만드는 형식이다. 사진을 움직이는 동영상으로 만드는 GIF 형식의 광고로 페이스북이 무료로 제공하는 음악을 배경으로 쓸 수 있다. 광고 형식 중 '슬라이드쇼'를 클릭한다.

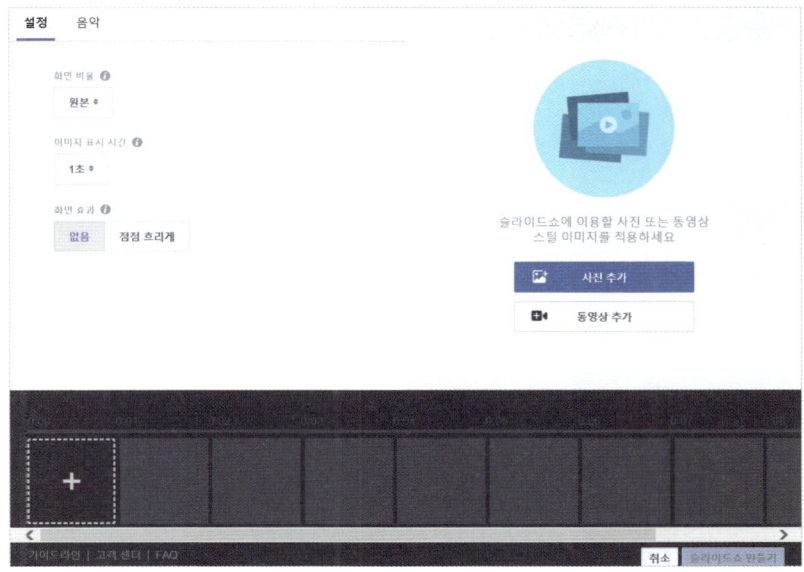

🛠 슬라이드쇼 설정창. 화면 비율과 이미지 표시 시간 등을 선택할 수 있다.

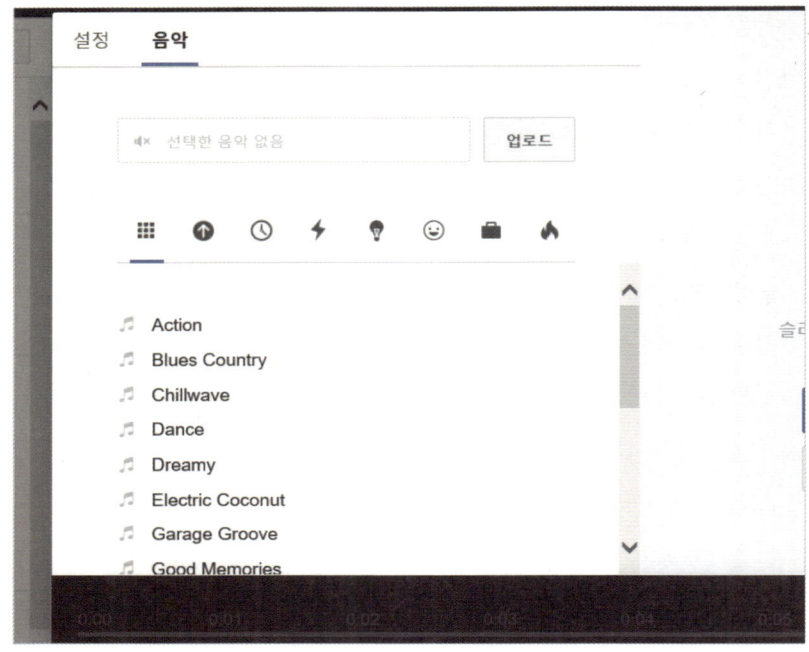

⚙ 설정창에서 슬라이드쇼에 사용할 음악을 삽입할 수 있다.

'화면 비율'을 클릭해 이미지의 비율을 선택한다. '이미지 표시 시간'은 한 장면이 다음 장면으로 넘어가는 시간을 늘리거나 줄이는 메뉴이며, '화면 효과'는 사진이 넘어가면서 화면을 점점 흐리게 하는 등의 효과를 설정하는 메뉴다. '+' 버튼을 눌러 슬라이드쇼에 활용할 사진을 하나씩 선택해 같은 방법으로 10장을 만든다. 슬라이드쇼 형식의 경우 사용할 수 있는 슬라이드의 최대치만 10장으로 제한되어 있을 뿐이어서 10장만 넘지 않으면 9장도 8장도 괜찮다.

사진 10장을 가져온 후 '음악' 탭에서 슬라이드쇼에 사용할 배경음

악을 넣는다. '음악'에서는 페이스북이 무료로 제공하는 음악 중 하나를 선택하거나 본인이 가진 음악을 업로드할 수 있다. 음악을 선택한 후 '슬라이드쇼 만들기'를 클릭하고, 그런 다음 '슬라이드 형식'과 마찬가지로 문구와 웹사이트 URL, 제목, 설명, 행동 유도 등 각 항목을 설정하면 끝이다.

광고 결제는 달러가 유리하다

캠페인(목표)을 정하고, 광고 세트를 만들고, 광고를 집행하고 나면 마지막으로 광고 결제 수단을 선택하는 화면이 나온다. 이 부분에서 결제 방식을 정하고 비용을 지불할 수 있다. 페이스북에서 광고 결제는 신용카드, 직불카드, 페이스북 쿠폰, 페이팔(PayPal) 등이 있다. 신용카드는 비자카드, 마스터카드, 디스커버, 아메리칸 익스프레스 카드만 가능하다.

팁을 하나 주자면 결제 통화는 현지 통화, 즉 달러로 하는 것을 추천한다. 원화로 결제하게 되면 달러로 결제하는 것보다 수수료가 2~5% 정도 추가되기 때문이다. 통화 변경은 설정에서 가능하다. 귀찮더라도 꼭 달러로 설정을 변경하자. 처음 신용카드로 결제하게 되면 1달러가 추가로 결제될 것이다. 가끔 광고를 하지도 않았는데 광고비가 결제되었다고 질문하는 분들이 있다. 그러나 이 금액은 신용카드가 가짜가 아니라는 것을 확인하는 일종의 증거금으로 실제 결제되는 돈은 아니니 우려하지 않아도 된다.

⚙ 페이스북의 광고 결제 수단 선택 화면

FACEBOOK MARKETING

Part 4
페이스북 마케팅 성공사례 분석

SECTION ♥ 01

공감되는 나만의 콘텐츠가 성공 요인

많은 업체들이 페이스북 마케팅에서 간과하는 한 가지가 있다. 페이스북 페이지를 그냥 회사의 제품을 홍보하는 도구로 인식해 적당히 제품을 설명하고 보도자료 등을 올리는 용도로만 쓰는 것이다. 페이지 운영의 최종 목표는 사람들을 끌어모을 수 있는 플랫폼을 구축하는 것이다. 페이지에 단순히 제품의 홍보글만 나열한다면 사람들을 모을 수 있을까? 그런 페이지는 '좋아요' 몇 개 없는 썰렁한 공간으로 전락할 것이다. 결국 사람들을 모으려면 그들이 좋아할 만한 공감할 수 있는 콘텐츠를 발행해야 한다. 이번 섹션에서는 업종별로 인기 있는 페이지들을 소개하고자 한다. 그들의 사례를 분석해 성공 요인을 파악해보자.

💬 양질의 동영상 콘텐츠로 승부한 '딩고 푸드'

우리나라 사람만큼 음식을 좋아하는 민족이 또 있을까? '맛집'에 대한 정보가 하나의 콘텐츠로 자리매김했을 정도니 말이다. 그러니 맛있고 특색 있는 음식의 정보를 제공하는 페이지가 있다면 분명 성공할 확률이 높을 것이다. 하지만 인기가 많은 만큼 요식업 시장의 페이지는 경쟁이 심하다. 이는 곧 그만큼 성공했을 때는 메리트가 크다는 의미다. 페이스북 페이지에서 많은 사람들이 좋아하는 음식 콘텐츠를 제공하고 있는 대표적인 페이지가 바로 '딩고 푸드(Ding Food)'다. 메이크어스라는 콘텐츠 그룹에서 운영하는 딩고 푸드는 약 170만 개의 '좋아요'를 확보하고 있고 현재도 계속 늘어나고 있는 중이다.

딩고 푸드의 강점은 무엇일까? 페이스북은 95% 이상이 모바일 이용

✪ 약 170만 개의 '좋아요'를 확보한 딩고 푸드의 페이지 화면

🔅 양질의 동영상 콘텐츠가 딩고 푸드 페이지의 강점이다.

자라는 통계가 있다. 우리나라 역시 인터넷 강국답게 모바일을 통한 동영상 시청이 활발한데 딩고 푸드는 모든 콘텐츠를 동영상으로 만들어 업데이트한다. 1분 내외의 짧은 동영상을 텍스트와 함께 경쾌한 음악을 넣어 제작하는데 보는 사람으로 하여금 신나고 재미를 느끼게 한다는 것이 특징이다.

최근에는 동영상에도 자막처럼 유용한 정보 텍스트가 있는 콘텐츠가 각광 받는데 딩고 푸드의 경우 이용자들이 좋아할 만한 요소들을 다 충족시켜주고 있다. 짧지만 강렬한 동영상 콘텐츠와 함께 음식에 대한 유용한 정보를 효율적으로 전달해 큰 사랑을 받고 있는 것이다.

물론 음식과 관련된 업종이 아니더라도 사람들이 호기심과 재미를 가질 만한 동영상 콘텐츠를 발행하는 방향으로 전략을 잡는 것도 좋은 방법이다. 동영상 제작 시 주의해야 할 점은 동영상의 재생 시간이다. 너무 길면 지루하다. 그래서 동영상을 보는 한계 시간을 1분 내외로 생각하는 것이 좋다. 또한 영상의 퀄리티 역시 중요하다. 스마트폰을 사용해 편집하는 것보다 디지털카메라나 캠코더로 해상도를 높이는 것을 추천한다. 특히 음식과 관련된 콘텐츠는 해상도가 중요하다. 해상도가 떨어지는 동영상을 만든다면 그 음식이 맛있게 보이겠는가?

동영상 콘텐츠의 성공 여부는 도입부 3초에 달려 있다. 최소한 도입부에서 3초 이상은 머물 수 있게 동영상을 구성해야 한다. 딩고 푸드의 콘텐츠는 그런 면에서 큰 강점을 가지고 있다. 결국 음식은 비주얼이다. 요리는 시각적이면서도 동시에 청각적이다. 보는 이로 하여금 요리 동영상을 보는 동안 침이 고이게 해야 하며, 또 귀를 즐겁게 해야 한다. 비슷한 업종에 종사하고 있다면 딩고 푸드가 어떻게 이용자들의 마음을 사로잡았는지 직접 확인해보자.

재치 있게 속사정을 드러낸 '내가 광고회사 힘들다 그랬잖아'

필자가 광고 업계의 전문가이기 때문인지 유독 이쪽 업계에 대한 관심이 많다. 페이스북에도 광고 회사들의 페이지가 몇 개 있는데 그 중 유독 눈에 띄는 곳이 바로 '내가 광고회사 힘들다 그랬잖아'다. 현직 광고 회사에 다니는 직원들의 애로사항을 발행하는 페이지인데 공감 가는 콘텐츠가 많이 있어 사람들의 눈길을 끈다.

광고 회사에서 운영하는 페이지라 그런지 번뜩이는 아이디어가 무궁

🔅 광고 업계의 현실을 풍자하는 '내가 광고회사 힘들다 그랬잖아' 페이지 화면

무진하다. 제목처럼 광고 회사가 가진, 흔히 말하는 3D 업종에 가까운 면모들을 주로 풍자한다. 방송에 나오는 디자이너, 기획자, 마케터들의 화려한 모습과는 완전 다른 직종이 바로 광고인데, 그런 이야기들을 적나라하게 드러내 많은 업계 사람들에게 큰 공감을 얻고 있다. 콘텐츠라는 건 결국 공감을 불러일으키며 친구들에게 공유되게 해야 한다. 특정 타겟을 구분하지 않고 공감을 불러일으키는 것도 좋은 방법이지만 이 페이지처럼 같은 환경에 있는 사람들만의 이야기를 재밌게 풀어내는 것도 좋은 방법이다.

예를 들어 다이어트, 스포츠, 미용, 교육 등 특정 분야의 사람들과 소통할 수 있는 콘텐츠 역시 큰 효과를 볼 수 있다. 이 페이지를 좀 더 살펴보자. 광고 회사 직원들은 늘 야근의 연속이다. 그리고 늘 아이디어를 찾기 위해 머리가 아프다. 또한 좋은 콘셉트를 선점하기 위해 싸워야 하고, 아이디어를 실현하기 위해 끊임없이 분투해야 한다. 이렇게 각 분야별로 자신들만의 고충이나 재밌는 일화를 콘텐츠로 만들어 발행하면

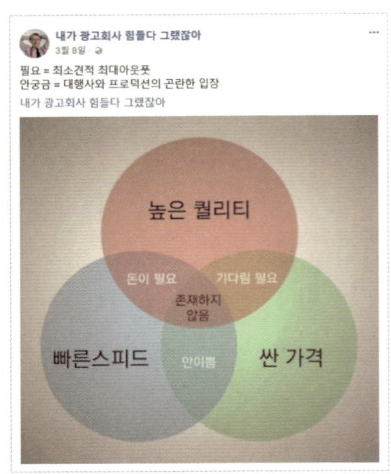

솔직함을 무기로 유머러스하게 광고 업계의 이야기를 포스팅하고 있다.

큰 호응을 얻을 수 있을 것이다.

만일 내가 속한 업종이 온라인 쇼핑몰이라고 한다면 어떻게 페이지를 운영하면 좋을까? 필요한 의류를 도매 시장에서 가져오기 위해 새벽에 동대문 시장으로 출근하는 자신의 모습을 콘텐츠로 발행할 수도 있고, 도매상들과 가격을 흥정하는 모습이나 계단에 앉아 컵라면을 먹는 모습 등도 콘텐츠로 활용할 수 있다. 또한 도매상들과 흥정할 때의 노하우 같은 것도 카드뉴스 형식으로 만들어 발행하는 방법도 있다. 아마 쇼핑몰을 운영하는 사업자들이라면 공감할 수밖에 없는 콘텐츠가 될 것이다. 이렇듯 자신이 속한 업종의 이야기를 털어놓을 수 있는 페이지를 만들어 동종 업계 사람들을 모아 플랫폼을 구축하는 것도 좋은 방법이다.

··· 유용한 정보와 위로되는 콘텐츠로 승부한 '창업백서'

대한민국 국민은 취업을 하기 위해 태어난다 해도 과언이 아닐 정도로 평생 취업과 싸운다. 그만큼 취업하기가 힘들다는 이야기다. 그래서일까? 여기저기 취업에 대한 사이트와 창업에 대한 정보가 넘쳐나고 있다. 그중 '창업백서'는 창업을 준비하는 사람들에게 유용한 정보를 제공하는 페이지다. 전 세계에 있는 맥도날드 매장 수보다 국내의 치킨집 수가 더 많다는 통계가 있듯이, 퇴직을 한 사람들의 대부분은 재취업의 어려움 때문에 울며 겨자 먹기식으로 창업을 하게 된다. 그러나 떠밀리듯이 창업의 길에 들어서면 실패를 경험하게 될 확률이 크다. 그래서 오프라인과 온라인에서의 마케팅보다 창업자의 마인드와 노하우가 더 중요할지도 모른다. 그러다 보니 예비 창업자들에게 동기부여가 되는 여러 가지 정보가 필요한데 바로 창업백서에서 그런 정보들을 제공하고 있다. 창업을 시작하려는 사람들에게 필요한 정보와 성공한 창업자들이 성공한 이유, 실패를 딛고 일어선 창업자들의 역경을 극복한 스토리 등이 업로드되고 있다.

창업에 대한 페이지들은 이미 많지만 창업백서는 그중에서 가장 충

❂ 창업백서 페이지 화면. 창업백서가 발행하는 콘텐츠의 핵심은 창업자들의 힘든 마음을 위로해주는 것이다.

🌟 창업백서는 예비 창업자들에게 꼭 필요한 유용한 정보들을 콘텐츠로 발행하고 있다.

실하게 운영되고 있는 페이지 중 하나다. 또한 많은 페이지들이 초창기에는 의욕적으로 콘텐츠를 발행하지만 중도에 콘텐츠의 질과 양이 줄어들면서 팬들에게 외면받는 경우가 많은데, 창업백서는 정기적으로 꾸준히 유용한 콘텐츠를 다양한 관점으로 발행하고 있다. 예를 들어 교육 사업을 하는 회사라면 초등학생·중학생·고등학생·대학생·성인 등 연령에 따라 적합한 콘텐츠 발행이 필요할 것이다. 그렇다면 각 연령층에서 공감할 수 있는 이야기가 무엇일지 찾아보고 그들이 어떤 형식의 콘텐츠를 선호하는지 살펴봐야 한다. 만약 초등학생을 대상으로 한 콘텐츠라면 어떤 방향이 좋을까? 초등학생은 다른 연령층에 비해 페이스북을 많이 하지 않고 주요 타겟층도 아니니 그들의 부모들이 공감할 만한 콘텐츠를 발행하는 것이 좋을 것이다.

　한 사업자가 창업을 하기 위해 아내에게 조언을 구했다. 사려 깊은 아내는 창업을 하려는 것은 좋은데 먼저 창업 전문가들에게 조언을 받고 시작하는 게 어떻겠냐고 했다. 그래서 남편은 아내의 조언대로 50명의 창업 전문가를 찾아다니며 노하우를 익혔다. 50명의 창업 전문가들에게 노하우를 전해 들은 남편이 훗날 설립한 회사가 바로 '50회의 인터뷰(Fifty Interview)'다. 직접 창업을 준비 중인 사람들에게 필요한 컨설팅과 교육을 제공하는 회사를 차린 것이다.

이처럼 플랫폼 구축에 필요한 콘텐츠는 그리 멀지 않은 곳에 있다. 너무 어렵고 고귀한 것만 찾지 말자. 가장 쉽고 가장 가까운 곳에 숨어 있는 당신만의 콘텐츠를 찾으려는 노력이 필요하다.

··· 철저한 원칙으로 소통의 장을 만든 '대구인'

이번에는 페이스북 그룹의 사례를 소개하고자 한다. 그룹은 오프라인의 동호회 개념으로 생각하면 되는데 축구를 좋아하면 축구 동호회, 네일아트를 좋아하면 네일아트 동호회 등 같은 관심사를 가진 사람들을 초대해 만들어진다. 지역 사람들과의 소통을 위해 지역 그룹을 만들어 운영하는 경우도 있는데 여기서 소개하는 '대구인(대구안에 대구사람)'은 필자가 살펴본 페이스북 그룹 중 가장 효율적으로 운영되고 있는 곳이다.

보통 페이스북 그룹은 거의 광고로 도배되다시피 하며 방치되고 소통은 거의 없는 경우가 허다하다. 멤버를 수만 명에서 수십만 명까지 모은 그룹들도 많은데, 거의 대부분이 소통 없이 그저 자신의 광고만

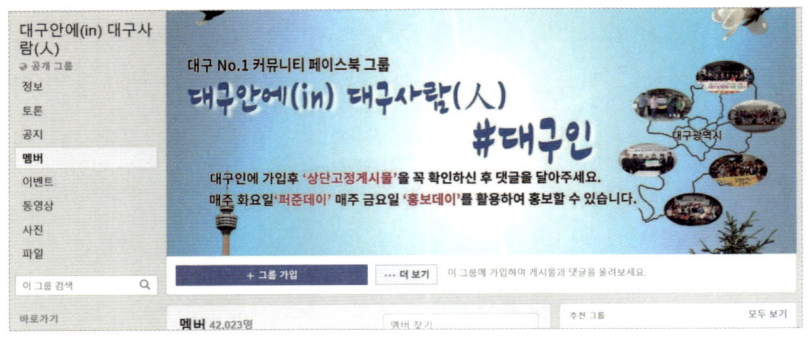

⚙ 대구인의 그룹 화면. 철저한 원칙으로 그룹이 운영되고 있다.

올리는 식으로 운영되는 유명무실한 곳이 많다. 그러나 대구인의 경우 약 4만여 명의 멤버 수를 유지하며 광고 활동을 철저히 제한하고 소통 위주로 운영하고 있다. 철저한 원칙을 기준으로 운영되니 끈끈한 정으로 이어져 있는 것이 특징이다. 또한 운영자들이 직접 회원들의 매장에 방문해 그들의 업체를 페이스북 동영상으로 무료로 홍보해주거나, 지역 업소 대표들이 끝말잇기 이벤트 등을 하면서 멤버들에게 상품을 선물한다거나 하는 소소한 행사로 큰 인기를 얻고 있다.

대구인은 매주 금요일에만 업체 홍보를 할 수 있도록 허락하고 있다. 무분별한 광고를 허용하게 되면 그룹의 기본 목적인 친목과 소통의 기능이 퇴색될 수 있기 때문이다. 매주 금요일에만 광고를 올릴 수 있도록 허락하는 운영 방침을 기반으로 나머지 요일에 광고를 올리는 업체의 경우 퇴출하는 엄격한 강수를 두고 있는데, 이런 철저한 원칙을 기반으로 매우 효율적으로 운영되고 있다. 금요일을 제외한 나머지 요일엔 멤버들의 사소한 잡담부터 회사의 애로사항, 이벤트 등 다양한 소통이 오간다.

    때로는 지역 사회를 위한 다양한 행사도 개최한다. 소외 계층을 위한 도움 행사나 자선 행사 등 그룹에 가입한 업체들이 지역 사회를 위해 발 벗고 참여하고 있다. 이렇게 좋은 일로 지역 사회에 대구인의 브랜드가 알려지면서 그들이 진행하는 행사에 지역의 이름 있는 기관 등에서 자발적으로 동참하는 사례도 늘고 있다. 페이스북에서의 건강한 그룹 활동이 지역 사회에 긍정적인 영향을 끼치고 있는 것이다.

    그룹은 페이지와는 달리 소통이 중요한 공간이다. 그래서 활발하게 운영되는 그룹은 정기적인 오프라인 모임도 자주 가지면서 돈독한 커뮤니티를 형성한다. 대구인은 추후 그룹을 운영하려는 회사들이 벤치마킹할 만한 좋은 사례다.

SECTION ♥ 02

소상공인의
페이스북 마케팅 성공사례

페이스북은 시작할 때 개인계정의 프로필을 바탕으로 회원가입을 하고 그 후에 페이지와 그룹을 운영하는 시스템이다. 이번 섹션에서는 활발히 활동하고 있고 팔로워도 많은 개인계정 브랜딩에 성공한 사례들을 살펴보도록 하겠다. 개인계정으로 페이스북 마케팅에 성공한 사람들의 포스팅을 살펴보면 그 분야에 전문가인 경우가 많고, 또 팔로워들과 소통을 꾸준히 한다는 공통점이 있다. 개인계정으로 페이스북 마케팅에 뛰어들어야 하는 소상공인이라면 여기에 나오는 사례들을 특히 더 집중해서 살펴볼 필요가 있다.

💬 식스팩토탈휘트니스 정상수 대표

강의를 하다 보면 참석자들의 질문과 고충을 듣는 시간을 갖는다. 그럴 때면 생각지도 못한 부분의 이야기를 듣게 되는데 자신이 속한 단체의 눈치를 많이 볼 수밖에 없다는 것이다. 어떤 업종이든 크고 작은 협회가 있고 사업을 시작하면 여러 곳에 가입해 활동을 하게 되는데 바로 자신이 속한 그 소속 사람들의 눈치 때문에 불편하다고 한다.

머슬마니아 챔피언인 정상수 대표도 처음에는 이러한 불편을 토로한 바 있다. 그는 필자에게 카페에 글을 쓸 때도 페이스북에 포스팅할 때도 무척 조심스러운데 어떻게 해야 하느냐고 의견을 물었다. 이런 글을 올리면 자신이 속한 협회 선후배들이 싫어할 것 같은데 어떻게 해야 할지 모르겠다는 것이다. 그때 필자는 협회나 단체에 속한 선후배들이 체육관에 관원을 소개해주는 것도 아니고, 어차피 모든 사람들이 협조하면서 경쟁하는 관계인데 남들 눈치 볼 필요가 없다고 조언했다. 그리고 최

✪ 식스팩토탈휘트니스 정상수 대표의 개인계정 화면

> 정상수 대표는 바르게 운동하는 방법 등 유용한 정보를 업로드하며 소통하고 있다.

근에는 활발한 바이럴 마케팅으로 체육관이 잘 운영되고 있다는 소식을 접해 참 다행이다 싶다.

건강에 대한 관심이 증폭되면서 많은 사람들이 요가, 피트니스 등을 위해 체육관을 찾는다. 정상수 대표는 머슬마니아에서 세계챔피언을 지낸 경력이 있는 유명한 선수 출신이다. 머슬마니아는 세계 최고의 보디빌딩과 피트니스 선수들이 근육과 몸매, 기량을 뽐내는 대회다. 이 대회에서 2012년과 2013년 연속으로 피트니스 부문의 우승을 차지한 사람이 바로 정상수 대표다.

개인 브랜딩에서 가장 중요한 점은 본인의 활동 이력과 강점을 스스로 알려야 한다는 점이다. 이미 유명한 브랜드라면 그를 따르는 팬덤에 의해 자연발생적으로 바이럴 효과가 따르겠지만, 그렇지 못한 작은 브랜드는 개인이 죽을힘을 다해 SNS에 알리는 것이 가장 효과적이다. 정상수 대표 역시 처음엔 공개적으로 자신을 알리는 일에 대단히 소극적이었다. 그러나 생각의 관점을 바꾼 이후로는 페이스북을 통해 열심히 브랜딩을 했고, 그 결과 지금은 피트니스 부문에서 많은 사람들이 그를 따르기 시작했다. 자신의 대내외적인 활동들을 페이스북을 통해 꾸준히 홍보하면서 이름이 널리 알려졌고, 새로운 지점을 오픈한 피트니스 센터 역시 단기간에 관원이 꽉 차는 효과를 얻을 수 있었다. 이렇듯 성공적인 개인 브랜딩을 위해서는 일단 자신이 부지런히 페이스북에 들어와 페이스북 친구들과 소통하면서 자신을 알리는 것이 가장 좋은 방법이다. 정상수 대표는 페이스북 마케팅을 통해 꾸준히 운동 관련 포스팅을 올리고 초보자들이 쉽게 따라할 수 있는 운동법 등을 소개하며 소통하고 있다.

사람들은 SNS에서 자신이 경험하지 못하거나 할 수 없는 영역의 리더를 보며 배우기를 원하고 또 그 영역에 참여하고 싶어 한다. 혹시라도 자신이 속한 단체의 눈치를 보느라 페이스북 활동을 주저하고 있다면 정상수 대표처럼 타인의 눈은 신경쓰지 말고 꾸준하게 자신을 알리는 데 힘을 쏟기 바란다. 다시 강조하지만 협회나 단체가 주도적으로 제품을 구매해주지 않는다. 제품을 구매해주는 이들은 당신을 모르는 다수의 소비자들이다.

우리밀 칼국수 정인식 사장

어느 동네든 폐지를 모으며 생활하는 할아버지, 할머니들이 있다. 하루 종일 박스를 주워 내다 팔아도 제대로 한 끼 먹기가 힘들 정도다. 그런 분들에게 무료로 칼국수를 제공하는 사람이 있다. 사회 전반적으로 불경기인 이때 자신의 이익을 취하지 않고 무료로 무언가를 제공한다는 건 말처럼 쉬운 일이 아니다. 이런 선행을 본인 페이스북에 올리면서 페이스북 친구들에게 함께 따뜻한 사회를 만들자고 독려하는 사람이 있다. 바로 우리밀 칼국수의 정인식 사장이다. 그의 선행에 감명을 받은 이들이 늘면서 전국 각지에서 우리밀 칼국수에 밀가루와 쌀, 과일을 보내는 현상이 벌어졌다. 또 어떤 분들은 가게에 들러 식사를 한 후 미리 다른 사람들이 먹을 수 있도록 돈을 내놓고 가기도 한다.

이렇게 페이스북을 통해 선행이 알려지면서 전국에서 그와 친분을 맺고 있는 친구들이 함께 선행에 참여하게 된다. 초기에는 이와 같은 일을 페이스북에 올리니 잘난 체한다는 식으로 지적하는 사람도 있었다고 한다. 그러나 그는 그런 것에 괘념치 않고 꾸준히 소통했다고 한다. 정인식 사장처럼 자신이 하고 있는 작은 선행이나 기업이 하고 있는 선행이 있다면 반드시 페이스북이라는 공간을 통해 알려라. 그래야 더 많은 사람들이 선행에 참여하도록 독려할 수 있기 때문이다. 그것이 바로 SNS의 장점이다.

현대인들은 외롭다. 그리고 힘들다. 페이스북은 이런 삭막한 자신의 마음을 털어놓고 위로받을 수 있는 공간이다. 폐지 줍는 어르신들에게

✿ 우리밀 칼국수 정인식 사장의 개인계정 화면

대접하는 칼국수가 하루에 한 그릇이라면 한 달이면 30그릇이 되고 1년이면 365그릇이 된다. 그런데 하루에 3~4그릇이 나간다고 한다면 금액으로 환산했을 때 그 비용은 엄청날 것이다. 하물며 소규모 자영업자에게는 더 큰돈이다. 그러한 금액적 부담을 기꺼이 감수하

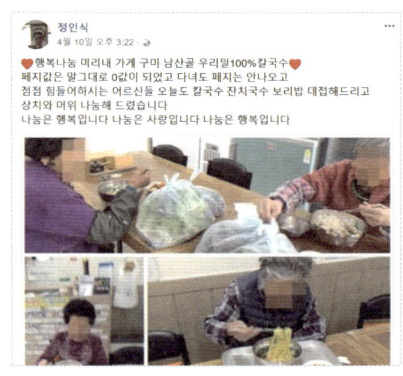

○ 아름다운 나눔을 실천해 고객들에게 감동을 준 정인식 사장

면서 지역 사회의 약자를 위해 봉사한다는 것은 쉽지 않다. 정인식 사장처럼 세상을 따뜻하게 만드는 선행을 베풀고 있다면 페이스북을 통해 적극적으로 알려보자. 아무리 작은 선행이라도 많은 이들이 모여들어 동참하는 모습을 볼 수 있을 것이다.

빵집 마케터 김수진 교수

오랫동안 습관을 통해 혹은 개인의 노력으로 깨우친 지식을 페이스북을 통해 기꺼이 알려준다는 건 쉬운 일이 아니다. 심지어 돈을 받지 않는다면 더더욱 그렇다. 경쟁사들에게 자신의 지식을 공개하는 일일 수도 있는데 빵집 마케터 김수진 교수는 기꺼이 페이스북을 통해 그러한 일을 하고 있다. 오랫동안 국내 유명 베이커리 회사에서 마케터로 근무하면서 체득한 여러 가지 노하우를 페이스북 친구들에게 제공하고

있는 것이다. 또한 자신이 들었던 강의와 읽었던 책에서 본인이 느꼈던 감정들을 친구들에게 알려주고 있다.

대부분의 사람들은 자신만이 알고 있는 혹은 자신이 오랫동안 경험해서 알고 있는 지식을 공개적으로 다른 사람에게 노출하는 것을 꺼린다. 그러나 빵집 마케터 김수진 교수는 그러한 시선에 거리낌 없이 더 많은 지식을 SNS에 공개한다. 이처럼 페이스북은 자신을 먼저 보임으로써 관계가 맺어지는 소통의 공간이자 사람의 마음을 움직이는 힘을 가진 창구다. 김수진 교수의 타임라인은 군더더기가 없다. 책과 사람 이야기, 좋은 기업의 이야기, 그리고 자신이 하고 있는 마케팅에 대한 이야기가 있을 뿐이다. 강의를 하거나 마케팅에 종사하는 사람 중 1인 사업자나 소규모 사업자라면 빵집 마케터 김수진 교수처럼 자신의 직무와 연관성 있는 주제를 정하고 그와 관계된 소재들을 포스팅하는 것을 추천한다.

✱ 김수진 교수의 개인계정 화면. 자신만이 알고 있는 혹은 오랫동안 경험해서 알고 있는 지식을 가감 없이 공유하고 있다.

그녀는 필자가 유일하게 페이스북에서 '먼저 보기'를 설정한 사람이기도 하다. 김수진 교수의 SNS는 그녀를 따르는 팬덤이 있을 정도로 파급력이 강하다. 팬덤 현상이란 특정한 사람을 따르는 현상의 의미로 많이 쓰인다. 이는 유명한 연예인에게만 국한되는 것이 아니다. 우리는 우리보다 유명한 사람들의 말과 행동을 따르고 같

☼ 김수진 교수의 타임라인은 군더더기가 없다. 책과 사람 이야기, 좋은 기업의 이야기, 그리고 자신이 하고 있는 마케팅에 대한 이야기 등이 있을 뿐이다.

이 참여하고 싶은 욕망을 지니고 있다. 그 사람들이 하는 한마디의 말, 한 줄의 글을 보고 감탄하고 기뻐하고 공감하고는 한다. 그러한 면에서 마니아층을 형성하고 있는 김수진 교수의 페이스북은 페이스북 마케팅 초보자들에게 하나의 좋은 지표가 될 수 있다. 페이스북을 하는 1차 목표는 소통을 통한 자신의 브랜딩이다. 자신의 분야에 대한 지식을 사람들에게 꾸준히 알리는 것도 하나의 방법이다. 자신이 하고 있는 일에 대한 경험과 사례 등이 페이스북 친구들에게 유용하게 인식된다면 성공적인 브랜딩에 한 발짝 다가선 것이다.

페이스북 마케팅을 통한 브랜딩은 생각보다 어렵고 긴 시간을 필요로 한다. 지금 페이스북에서 개인 브랜딩에 성공한 사람들 역시 최소한 3년 이상 꾸준히 계정을 운영해온 경우가 많다. 페이스북은 전력질주하는 단거리 경주가 아니고 사계절 정성스럽게 밭을 일구는 농사와 같다.

비가 내리지 않으면 벼가 마르지 않을까, 비가 많이 내리면 벼가 물에 잠기지 않을까 늘 보살펴 줘야 한다. 김수진 교수의 댓글은 그래서 늘 친절하고 꾸준하다. 친구들의 말을 잘 들어주고 성심성의껏 대답해준다. 그리고 친구들이 필요로 할 만한 책을 읽고 이야기를 해준다. 마케터는 상대방의 말을 잘 들어주는 직업이라고 한다. 자신이 말을 많이 하는 것보다 남의 말에 경청하는 것이 마케터의 기본 소양이다. 어찌 보면 페이스북 마케팅에서의 기본 철학인 활발한 피드백과 고객 관리에 필요한 가장 핵심적인 소양일지도 모른다. 꼭 빵집이 아니더라도 마케터라는 직업에 관심이 있다면 그녀의 페이스북 계정을 눈여겨보자.

카피라이터 정철 작가

카피라이터란 슬로건 등의 광고 문안을 쓰는 사람이다. 당연히 글에 관해서는 전문가다. 이러한 자신의 전문 분야를 살려 페이스북에서 큰 호응을 얻고 있는 카피라이터가 있다. 읽기 쉽게 글을 쓰는 카피라이터로 유명한 정철 작가다. 광고대행사에서 카피라이터로 근무했던 그는 현재 프리랜서로 나와 책을 쓰고 강연을 하고 있다.

정철 작가가 쓰는 글의 특징은 누구나 쉽게 이해할 수 있을 만큼 읽기 쉽다는 것이다. 그의 글은 복잡하지 않다. 책 한 권도 단 몇 시간이면 읽을 정도로 글이 참 쉽다. 하지만 책값이 아깝지 않다. 그의 책은 여러 번 읽게 된다. 글이 재밌고 무엇보다 위로와 공감이 담겨 있어 여운이 길기 때문이다. 그래서 그의 페이스북 계정은 사람들의 공감을 불러일

◎ 카피라이터 정철은 평범하고 쉬운 글로 사람들에게 위로와 공감을 선물한다.

으키는 글들로 가득하다. 간혹 책을 쓰는 것을 업으로 먹고사는 사람들의 글에 자만심과 자부심, 아집이 보일 때가 있다. 불필요한 수사로 오히려 글을 더 어렵게 만드는 등 흔히 말하는 '있어 보이는 것'에 치중하는 사람들이다. 하지만 정철 작가의 글은 막걸리 한 사발에 김치 한 조각이 생각날 정도로 평범하고 쉽다. 정철 작가의 글에선 그림이 보인다. 화려한 미사여구의 문장이 아니라 쉬운 단어를 조각조각 붙여 만들어 읽는 이로 하여금 문장이 만들어내는 풍경을 자연스레 연상시킨다.

사람들이 그의 글을 읽고 공감하는 이유는 그가 하는 이야기가 곧 자신의 이야기이기 때문이다. 그의 글 속엔 사람 사는 이야기가 생생하게 들어 있다. 그것이 바로 페이스북 이용자들이 그의 글을 기다리는 이유다. 필자가 정철 작가의 글 중 가장 좋아하는 글이 있다. "핸들을 놓는 순간, 당신도 보행자입니다." 무엇이든 상대방의 입장에서 바라보려 하는 그의 시선이 참 좋다. 그가 제일 많이 받는 질문은 "글을 잘 쓰려면 어떻게 해야 하나요?"라고 한다. 그러면 그는 딱 한 글자로 대답한다.

"써." 그렇다. 글을 잘 쓰려면 별 수 있는가? 일단 쓰는 수밖에.

현대인들은 외롭다. 가족에게, 사랑하는 사람들에게, 친구들에게 느낄 수 없는 부분을 우리는 5인치의 작은 화면 속에서 찾는다. 다른 사람의 글을 통해 위로받기를 원하는지도 모른다. 그래서 정철 작가의 글은 사랑받을 수밖에 없다. 정철 작가의 글 중심에는 언제나 '사람'이 있다. 사람들은 그의 글을 읽고 동화되고 위로를 받는다. 단어 하나로, 글 한 줄로 사람들을 위로하는 정철 작가의 타임라인은 그래서 사람들로 늘 북적인다.

각각의 업종에는 늘 앞자리에 서 있는 리더들이 있다. 그들의 영향력은 상상 이상이다. 정철 작가 또한 마찬가지다. 그러나 유명하다고 해서 모두 소통을 잘하진 않는다. 어떤 이는 건방지고, 어떤 이는 무례하다.

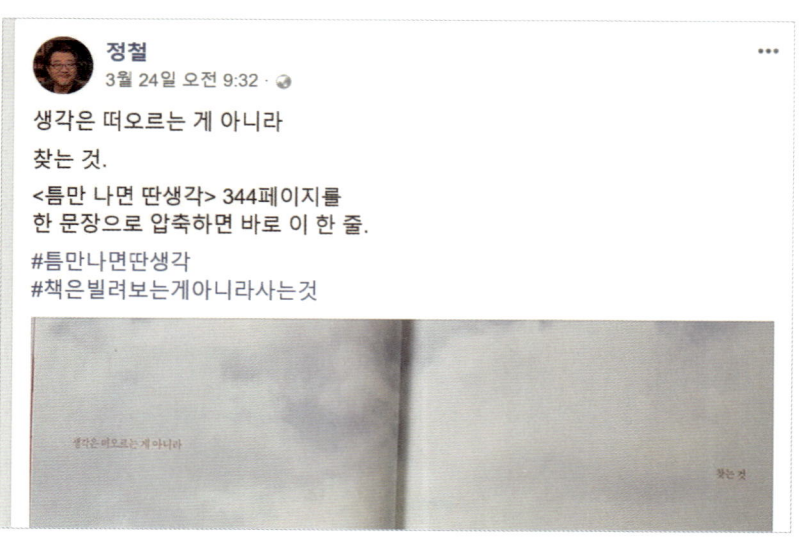

✿ 사람들은 그의 글을 읽고 공감한다.

그러나 정철 작가의 타임라인은 정겹고 겸손하다. 오피니언리더의 페이스북 개인계정 운영 노하우가 궁금하다면 그의 뉴스피드를 눈여겨보자.

··· 심근경색환자의 SNS 성공기

이번에는 필자의 이야기다. 필자는 SNS 강의 및 마케팅 운영대행, 온라인 마케팅 컨설팅을 주업으로 하고 있는 1인 사업자다. 그야말로 혼자 북치고 장구치며 SNS 교육 시장에서 생존하기 위해 치열하게 전투를 벌이고 있다. 필자는 2011년 11월 29일 급성심근경색으로 3시간여 동안 스텐트 시술을 받았었다. 그리고 현재 몸속 혈관에 3개의 스텐트가 박혀 있다. 시술을 받기 전에는 조그만 광고기획사를 운영하고 있었는데 이 일이 생의 전환점이 됐다. 시술을 받고 5개월을 아무 일도 하지 않고 오로지 몸을 추스르는 데 시간을 투자했다. 걷고, 등산을 하고, 식습관을 개선하는 등 그렇게 5개월을 보낸 뒤 앞으로 무엇을 하며 살지 찾기 위해 거의 매일 PC방을 출근하다시피 했다. 그렇게 탄생한 블로그 이름이 '나는 급성심근경색 환자다'였다.

그전까지는 인터넷이라고는 그저 서핑밖에 할 줄 몰랐는데 이때부터 적극적으로 온라인 세상에 뛰어들었다. 그때 필자의 눈에 들어온 것이 인터넷 쇼핑몰과 블로그였다. 시술을 받고 몸을 추스를 당시 지인이 건네준 건강식품이 있었는데 효과가 참 좋았다. 먹어 보니 몸이 훨씬 가볍게 느껴지고 컨디션이 좋아진 것이다. 그래서 필자가 먹은 건강식품을 나와 같은 심혈관질환에 걸린 사람들에게 소개하고자 시작한 것이 블

⚙ 필자의 '나는 급성심근경색 환자다' 블로그. 홈페이지, 페이스북과도 연동되어 있다.

로그였다. 왜냐하면 쇼핑몰이 검색되기 위해서는 유료 광고말고는 방법이 없는 반면 블로그는 회원가입만하면 누구나 할 수 있고 잘만 쓰면 효과도 더 크기 때문이다. 그래서 블로그에 많은 시간을 할애해 배우고 익히면서 크게 성공시킬 수 있었다. 블로그를 통해 쇼핑몰로 유입되도록 유도해 제품을 판매하기도 했는데, 이 당시 많은 사람들이 필자의 블로그를 방문해 유명해지면서 지금의 직업을 가지게 되었다. 처음엔 블로그 강의를 위주로 했었고 이후 카카오스토리, 인스타그램, 페이스북 등 SNS 전반에 걸쳐 강의를 하게 되었다.

교육에 참여했던 몇 개의 업체가 온라인 마케팅 및 SNS 마케팅 컨설

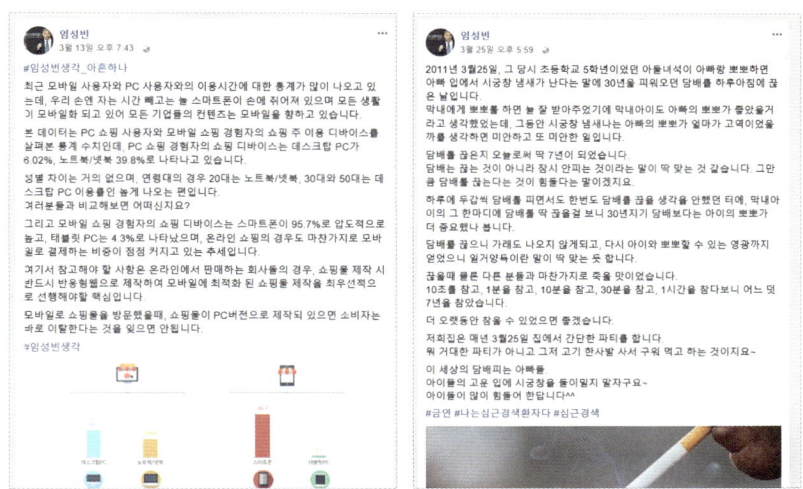

🔅 '#임성빈생각' 해시태그를 사용한 포스팅(왼쪽)과 '나는 급성심근경색 환자다' 관련 포스팅(오른쪽)

팅, 운영대행을 의뢰하면서 지금은 관련 업무를 겸하고 있다. 최근에는 페이스북 마케팅을 위주로 강의를 하고 있는데 개인계정, 그룹, 페이지, 스폰서 광고 등의 운영전략 사례가 주된 내용이다. 그리고 직접 페이지를 운영하며 마케팅에 대한 콘텐츠를 올리면서 팬을 모으고 있다. 개인계정에서는 소통을 위주로 콘텐츠를 포스팅하는데 '#임성빈생각'이란 해시태그를 사용해 개인적으로 페이스북을 운영하면서 느낀 점들을 시리즈 형식으로 포스팅하고 있다. 생각보다 많은 사람들이 사랑해주고 있다. 이후 페이스북 마케팅 전반에 대한 이야기들을 조금 더 체계적으로 정리해보고 싶다는 생각이 계기가 되어 이렇게 책까지 집필하게 됐다.

페이스북에서 필자가 개인계정을 통해 하는 일은 페이스북의 장단점과 마케팅에 대한 여러 가지 최신 정보를 알려주는 것이다. 주로 자영업자나 소상공인들에게 유용한 정보를 올리고 있는데, 그 이유는 마케팅에 투자할 수 있는 비용이 대기업에 비해 상대적으로 부족할 수밖에 없어 도움이 절실한 분들이기 때문이다. 지금 필자의 사업에 가장 큰 도움을 주는 플랫폼은 역시 페이스북이다. 그동안 페이스북 친구들이 공감할 수 있는 콘텐츠를 올리고 끊임없이 소통하면서 브랜딩했기에 좋은 반응을 얻을 수 있었다.

페이스북은 자신을 알리는 데 아주 적합한 채널이다. 그래서 자신의 사업이나 제품, 서비스를 알리고 싶다면 적극적으로 페이스북 마케팅에 임해야 한다.

중소기업의 페이스북 마케팅 성공사례

앞선 섹션에서는 개인계정의 페이스북 마케팅 성공사례에 대해 살펴보았다. 이번에는 조금 더 규모를 키워 중소기업이 페이스북을 어떻게 마케팅에 활용하고 있는지 살펴보도록 하겠다. 이번 섹션에서 소개하는 중소기업들은 차별화된 마케팅으로 브랜딩에 성공한 기업들이다. 이들은 페이스북의 하이퍼타겟팅을 활용해 원하는 고객들에게 광고가 노출되는 전략을 사용했다. 요점은 기업들이 자신들의 제품과 서비스에 맞는 전략을 사용했다는 점이다. 제품과 서비스가 어떤 성격을 지니고 있으며, 어떤 형식의 광고가 적합한가를 먼저 살피는 것이 중요한 이유다.

스트라입스의 찾아가는 맞춤정장 서비스

1년 사이에 매출이 6.5배 증가한 기업이 있다. 전체 매출에서 90%를 페이스북 광고로 달성한 맞춤정장 서비스 업체 스트라입스다. 스트라입스는 프리미엄 맞춤 셔츠 및 남성 정장을 제작하는 전문 스타일링 업체로서, 고객들을 직접 방문해 신체 지수를 측정하고 적합한 스타일링을 제시하는 맞춤정장 서비스로 많은 호평을 받고 있다. 경쟁사와 다른 차별화된 마케팅 전략도 눈여겨볼 만하다.

스트라입스도 초기에는 간헐적으로 진행한 오프라인 프로모션이 실질적인 구매 전환이나 재구매로 이어지지 않아 실적이 매우 저조한 편이었다. 그래서 마련한 돌파구가 바로 페이스북 마케팅이다. 그들의 전략은 페이스북 광고를 통해 기존 고객들의 유사타겟을 집중적으로 노리는 것이다. 선별된 랜딩페이지에 전환 픽셀을 통해 전환율을 추척해 맞춤형 광고를 진행했다. 그 결과 웹사이트 방문자들에게 적합한 메시지를 전달한 전략이 주효해 매출이 크게 오르게 됐다.

스타라입스의 페이스북 페이지. 고객들을 직접 방문해 스타일링을 제시하는 전략으로 호평을 받고 있다.

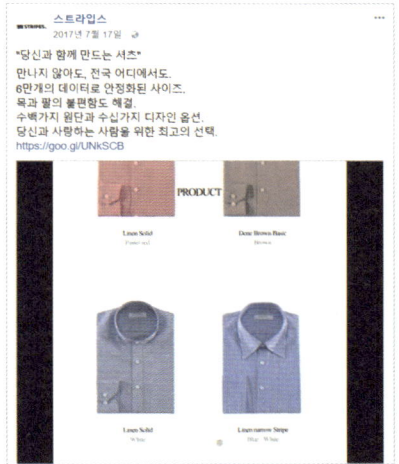

○ 스트라입스의 맞춤정장 서비스 홍보 포스팅

　이미지 또한 디자이너들이 직장인들의 사무실에서 직접 치수를 재는 사진 게시물을 활용해 고객들이 서비스에 대해 이해하고 실제로 활용할 수 있게 했다. 또한 웹사이트의 트래픽 증대를 위해 링크 광고를 운영함과 동시에 각 광고의 랜딩페이지 콘텐츠를 광고에 알맞게 활용해 트래픽이 실제 구매로 전환될 수 있도록 전략을 짰다.

　스트라입스는 2013년 10월부터 현재까지 데스크톱 및 모바일 뉴스피드에 광고를 꾸준히 발행하고 있다. 페이스북 광고는 단발성보다는 꾸준하게 브랜드를 알릴 수 있도록 장기적인 관점에서 운영해야 성공할 가능성이 높아진다. 그렇게 오랜 시간 잠재고객들의 데이터를 축적해온 스트라입스는 페이스북 타겟팅 솔루션을 효과적으로 활용해 다음과 같은 성과를 이룰 수 있었다.

- 1년 동안 매출 6.5배 증대
- 신규 방문자 수 10배 증가
- 기존 고객의 재구매율 3배 증가
- 방문자의 구매 전환율 4배 증가
- 페이스북 '좋아요' 12배 증가
- 전체 이용자의 구매 전환율 88% 증가
- 캠페인 기간 동안 페이스북 트래픽을 통한 추가적인 매출 85% 증대
- 전반적인 재구매율 12배 증대

캔버스를 활용한 비벌리힐스 피트니스

최근 페이스북을 보면 건강에 관심을 보이는 사람들이 많이 늘어난 것을 실감할 수 있다. 피트니스나 요가, 헬스 관련 사업을 하는 회사들의 페이지와 광고가 많이 노출되고 있는데 그중 가장 눈에 띄는 브랜드가 바로 '비벌리힐스 피트니스(Beverly Hills Fitness)'다. 비벌리힐스 피트니스는 필라테스, 요가, 인터벌 트레이닝, 크로스 트레이닝 등의 운동법을 바탕으로 전 세계 고객들에게 고급 홈 피트니스 전용 제품을 제공하겠다는 목적으로 설립된 브랜드다. 비벌리힐스 피트니스는 동영상 기법인 캔버스를 사용해 최신 피트니스 제품을 사용하는 다양한 방법과 고객 후기 등의 동영상 광고를 게재해 큰 효과를 보았다. 웹 트래픽이 상승하고 광고 지출 대비 수익률도 3배나 증가하는 성과를 거두고 있다.

🔸 비벌리힐스 피트니스의 페이스북 페이지. 동영상 기법인 캔버스를 사용해 매출이 크게 상승했다.

　　비버리힐스 피트니스 역시 처음에는 '좋아요', '댓글', '공유하기' 등을 통해 메시지를 자연스럽게 전달하고 참여를 유도하는 방법으로 자신들의 피트니스 시스템을 잠재고객에게 홍보하고자 했다. 그러면서 핵심 타겟을 효과적으로 연결해 관계를 맺고, 유사타겟과 리타겟팅을 통해 고객들에게 꾸준히 브랜딩을 운영해왔다. 브랜드와 제품이 가지는 이미지가 헬스와 건강이라는 점에 착안해 콘텐츠를 동영상으로 제작하기 시작했고 페이스북에서는 캔버스 방법을 활용해 핵심 타겟을 공략했다. 캔버스는 양방향의 몰입도 높은 브랜드 경험을 제공하는 동시에 고객이 페이스북 내에서 구매를 완료할 수 있도록 유도하는 모바일 광고 형식이다. 최근에 많이 쓰이고 있는 페이스북 광고 방법으로, 클릭하면 모바일 화면 전체에 동영상이나 사진이 보이거나 360° VR영상을 제공하는 등 다양한 경험을 제공하는 광고가 바로 캔버스 형식이다.

　　단순한 이미지 광고보다는 동영상 형식을 이용해 잠재고객에게 특별한 경험을 제공하는 것이 주효하면서 비버리힐스 피트니스는 점차 이

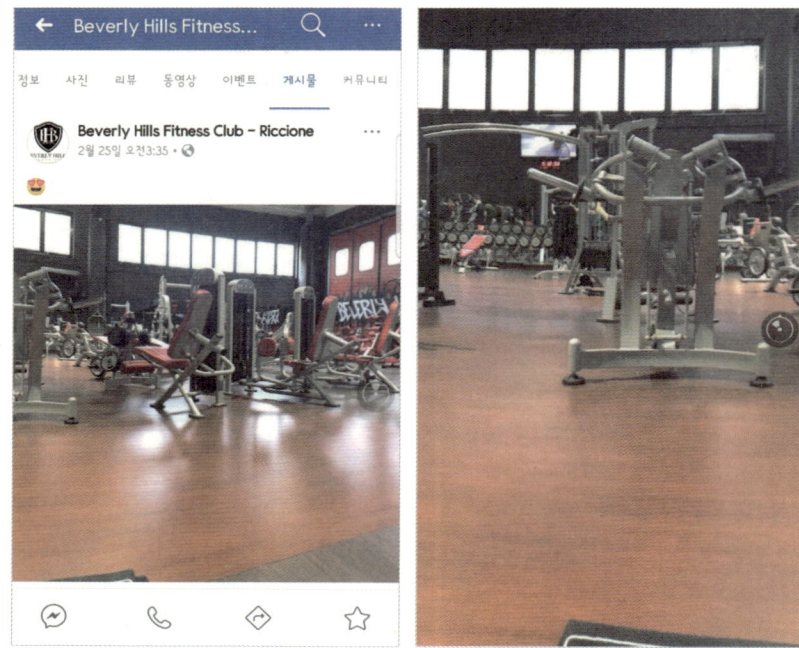

◉ 비벌리힐스 피트니스의 캔버스 광고. 포스팅(왼쪽)을 클릭하면 360°VR영상(오른쪽)이 펼쳐진다.

름을 알리기 시작했다. 또한 고객 후기를 웹사이트에 올리도록 홍보하고 제품 구매가 가능한 랜딩페이지로 이용자를 유도하는 방법을 사용했다.

비벌리힐스 피트니스는 페이지를 좋아하는 사람들로 구성된 맞춤타겟과 웹사이트 방문자와 과거 구매자를 기준으로 한 유사타겟, 피트니스 관심사에 따른 넓은 범위의 타겟팅 등 다양한 타겟팅 기법을 사용해 광고에 적극 활용했다. 앞에서 말했듯이 페이스북 광고는 반드시 유입된 고객이 웹사이트에서 어떤 행동을 했나 추적해야 한다. 비버리힐스 피트니스는 이러한 픽셀을 활용한 전환 추적도 소홀히 하지 않았다.

비벌리힐스 피트니스의 성공 비결은 꾸준히 타겟의 데이터를 수집하기 위해 테스트 광고를 진행한 점에 있다. 원하는 타겟에 도달하기 위해서는 지역 및 인구의 통계학적 특성, 관심사 등 각종 타겟팅 옵션을 다양하게 테스트해봐야 한다. 그러면서 동시에 기존 고객 리스트를 업로드해 맞춤타겟을 만들거나 유사타겟을 만들어 잠재고객에게 광고가 도달하도록 해야 한다. 또한 전환 추적을 활용해 광고를 클릭한 사람들의 관련 행동을 늘 체크해야 한다. 예를 들어 광고를 클릭한 사람이 제품을 구매하거나 뉴스레터를 구독했다면 성과 보고를 통해 관련 수치를 확인하는 것이다. 이렇게 고객의 행동을 분석해 전환율을 높이면 최상의 결과를 얻을 수 있다.

리타겟팅을 실시한 테크스미스

이번에는 필자가 직접 사용하고 있는 제품의 회사를 소개해보려 한다. '테크스미스(TechSmith)'는 소프트웨어 개발 업체다. 이들은 페이스북 마케팅으로 체험판 다운로드와 구매 횟수를 2.6배 늘렸고, 광고 비용 지출 대비 수익률도 2배나 증가시켰다.

1987년에 설립된 테크스미스는 비디오와 이미지를 통한 커뮤니케이션을 지원하는 실무 및 학습용 소프트웨어를 공급하는 회사다. 주요 제품인 '스네그잇(Snagit)'과 '캠타시아(Camtasia)'는 지식과 정보 공유를 돕는 화면 캡쳐 및 동영상 제작 도구를 제공하는 소프트웨어다. 필자

◎ 테크스미스의 페이지 화면. 픽셀이라는 강력한 마케팅 도구로 효과적인 광고를 진행했다.

는 인터넷을 검색하다 좋은 이미지가 있으면 스네그잇으로 캡쳐를 하고, 캠타시아를 활용해 강의 영상을 만들고는 한다. 처음 이들이 자신들의 소프트웨어를 알리기 위해 시행한 것이 바로 무료 체험판 다운로드 횟수를 늘리는 일이었다. 이러한 서비스를 제공하는 제품들이 기존에도 많이 있다는 것에 착안해 제품의 기능을 홍보하기보다 무료 체험판을 다운로드하도록 하는 광고를 집행했는데 이것이 적중한 것이다.

테크스미스는 항상 제품의 사용률과 매출을 늘릴 새로운 방법을 찾고 있었는데, 페이스북이 제공하는 강력한 마케팅 도구 덕분에 체험판 다운로드 횟수를 크게 늘릴 수 있었다. 강력한 마케팅 도구란 바로 픽셀을 사용한 광대한 고객의 DB다. 페이스북 마케팅을 통해 성공한 기업들은 대부분 추적코드를 활용해 고객들을 찾아나섰다는 공통점이 있다. 테크스미스 역시 전환 픽셀을 웹페이지에 설치해 잠재고객을 파악하고 동영상 및 슬라이드 광고로 리타겟팅함으로써 무료 체험판 다운로드를 유도했다. 고객의 행동을 추적하는 페이스북 픽셀이 중요한 이유는 체험판을 다운로드한 사람들에게만 구매를 유도하는 광고를 집행함으로

써 불필요한 비용이 발생하는 것을 방지할 수 있기 때문이다. 무료 체험판을 다운로드하지 않은 사람들에게도 광고를 리타겟팅함으로써 체험판 다운로드 횟수가 증가하고 전반적인 소프트웨어 구매 건수도 효과적으로 증가했다. 테크스미스는 '지체하지 마세요!'라는 문구와 함께 업무 환경에서 제품을 사용하는 사람들의 라이프 스타일 이미지와 제품 이미지를 광고에 포함해 큰 호응을 얻었다. 이는 광고를 통해 제품의 작동 모습과 개인이나 단체가 얻을 수 있는 이점을 간단히 보여주는 방식이다.

테크스미스 미디어 코디네이터 데이비드 패톤(David Patton)은 이렇게 말한다. "페이스북은 리타겟팅 및 다운로드 유도 전략의 핵심입니다. 웹사이트 방문은 일회성 이벤트에 그칠 수도 있지만 페이스북 리타겟팅을 활용하면 잠재고객을 구매로까지 유도할 수 있습니다."

··· 픽셀을 사용해 전환율을 높인 푸드52

주방 및 가정용품 업체인 '푸드52(Food52)'는 다이내믹 광고를 사용해 제품에 확실히 관심을 가진 고객들에게 도달함으로써 전환율을 높이고 8배의 광고비용 지출 대비 수익률을 거뒀다. 다이내믹 광고란 리타겟팅 광고의 일환으로 이용자가 조회했던 제품을 다시 노출시키는 방식의 광고다.

푸드52는 수많은 이용자가 모여 음식에 관한 이야기를 나누고 레시피를 공유하며 쇼핑도 하는 온라인 커뮤니티이자 전자상거래 사이트

> 푸드52의 페이지 화면. 푸드52의 페이스북 마케팅 브랜드 목표는 고객 전환 늘리기였다.

다. 음식에 대한 사랑을 공유하고자 함이 설립 목적이었다. 설립자는 유명 작가이자 편집자이며 고집 있는 아마추어 요리사인 아만다 헤서(Amanda Hesser)와 메릴 스텁스(Merrill Stubbs)다.

　푸드52의 페이스북 마케팅 브랜드 목표는 고객 전환 늘리기였다. 제품을 보거나 장바구니에 담은 웹사이트 방문자에게 광고를 리타겟팅해 온라인 전환율을 높이고자 함이 주목적이었다. 푸드52가 활용한 방법은 바로 다이내믹 광고였다. 온라인에서 상품을 보거나 장바구니에 담은 적이 있는 웹사이트 방문자에게 해당 상품을 재차 홍보했다. 관심 있는 제품을 웹사이트 장바구니에 담았다는 것은 설사 구매를 보류했다 하더라도 그 제품을 구매할 확률이 가장 높다는 사실에 착안한 방법이다. 장바구니에 담았다가 잊은 채로 지냈는데 다시 광고가 보이면 구매할 확률이 훨씬 높다.

　푸드52는 잠재고객을 최대한 많이 찾기 위해 페이스북 픽셀을 사용해 '최근 1~4일간 제품을 본 사람', '최근 5~10일간 제품을 본 사람', '최근 1~4일간 제품을 장바구니에 추가한 사람', '최근 5~10일간 제품

🎯 푸드52의 성공 비결 중 하나는 고화질 이미지를 사용해 잠재고객에게 광고를 재차 노출시켰다는 점이다.

을 장바구니에 추가한 사람'의 4개의 타겟으로 고객을 나눴다. 그러면서 푸드52는 웹페이지에 페이스북 픽셀을 배치하고 이렇게 얻은 데이터를 바탕으로 구매 전환을 유도했다. 그리고 각 광고에는 푸드52의 제품 이미지, 문구와 함께 '지금 구매하기' 행동 유도 버튼을 추가했다. 행동 유도 버튼의 적절한 선택도 구매에 큰 영향을 끼치므로 신경써야 할 부분이다. 그뿐만 아니라 더 많은 관심을 끌기 위해 페이스북 캠페인에서 성과가 가장 좋았던 태그라인(제품을 소개하는 한 줄의 문구)도 포함시켰다.

이러한 캠페인을 통해 브랜딩에 성공한 푸드52, 이들에게 다이내믹 광고는 더 많은 잠재고객을 찾고 온라인 전환율을 늘리는 데 도움이 되었고, 그 덕분에 페이지 출범 이후 가장 높은 구매자 수를 기록했다. 페이스북 마케팅으로 광고비용 지출 대비 수익률은 8배 증가했고, 전환율은 10배 증가했다. 또 다른 성공의 비결 중 하나는 고화질 이미지를 사용해 뉴스피드에서 돋보이는 광고를 만들었다는 점이다. 리타겟팅을 통해 관심을 보인 잠재고객을 특정 지어 광고를 노출해도 광고에 사용한 이미지나 동영상의 퀄리티가 떨어지면 오히려 역효과가 날 수도 있다는 점을 반드시 기억해야 한다.

미꾸라지 동영상 콘텐츠 슬립메이트

신제품이 나오면 시장에 론칭하기 위해 각 회사는 모든 방법을 강구하게 된다. 선점이 무엇보다 중요하고 고객들에게 자사의 제품을 알리는 게 어렵다는 것을 알기 때문이다. 온라인에서 검색되게 하기 위해 블로그 체험단이나 키워드 광고 등을 활용하고 페이스북 페이지를 개설해 마케팅을 할 수밖에 없다. 페이스북 알고리즘 중에는 콘텐츠별로 가중치를 주는 항목이 있는데, 최근에는 동영상 콘텐츠를 제일 우선시하는 경향을 보이고 있다.

중소기업 슬립메이트는 이러한 페이스북의 알고리즘을 파악하고 새로운 제품 론칭에 동영상을 적극적으로 활용하고 있는 중소기업이다. 슬립메이트는 자신들만의 제품을 시장에 알리기 위해 처음 페이스북 마케팅에 뛰어들었다. 슬립메이트의 온열매트는 우리가 흔히 알고 있는 전기장판과 온수매트의 단점을 보완해 업그레이드한 새로운 제품으로, 매트 안에 전선 대신 열선을 이용해 온도를 높이고 무엇보다 220V의

◉ 슬립메이트의 페이지 화면. 슬립메이트는 페이스북을 통해 제품의 장점을 효과적으로 홍보했다.

전압을 낮춰 화재 및 감전의 위험과 전자파를 줄였다는 장점이 있다.

슬립메이트가 이러한 제품의 장점을 알리기 위해 선택한 것이 바로 '미꾸라지 동영상'이다. 제품이 화재나 감전에서 안전하다는 점을 알리기 위해 물통에 제품을 넣고 전기를 꽂아 그 물 속에 미꾸라지를 넣은 것이다. 슬립메이트는 이렇게 미꾸라지가 감전되지 않고 자유롭게 놀고 있는 모습의 동영상을 만들어 유튜브와 페이스북 광고에 활용했다. 미꾸라지 동영상은 유튜브 조회수만 수십만 회를 넘어섰고 페이스북 내에서도 고객들의 큰 반향을 일으켰다. 만일 제품의 특성을 사진과 글로 설명하려 했다면 크게 설득력이 떨어졌을 것이다. 그러므로 제품의 특성을 알리는 데 동영상이 효율적이라면 마케팅에 동영상을 활용하는 것을 적극 추천한다. 필자의 강의 시간에 수강생들에게 늘 성공사례로 보여주는 교육자료가 바로 '미꾸라지 동영상'이다. 고객을 설득할 때 때로는 구구절절한 글과 이미지보다 동영상이 더 큰 효과를 볼 수 있다는 점을 알리기 위해서다. 이 '미꾸라지 동영상'은 사람들에 의해 공유되어 퍼지면서 큰 인기를 끌 수 있었다.

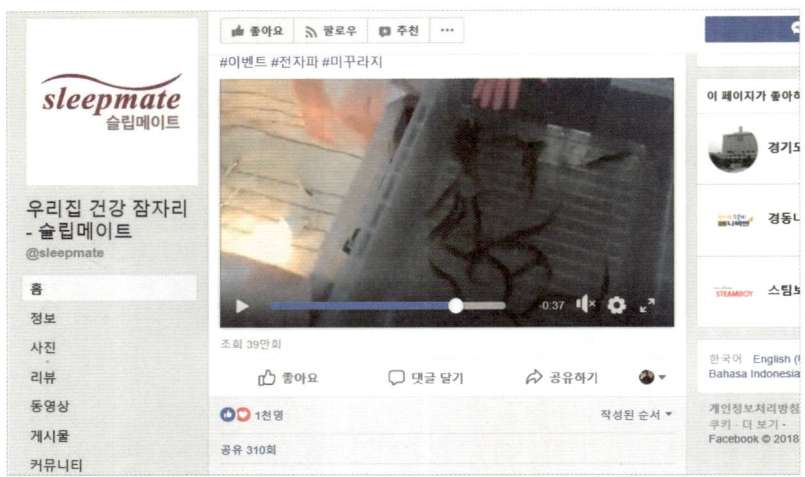

✪ 슬립메이트 페이지의 미꾸라지 실험 동영상 포스팅. 슬립메이트는 차별화된 콘텐츠로 고객들에게 많은 호응을 얻었다.

슬립메이트의 전자파 없는 온열매트는 타사와의 차별화된 광고 콘텐츠로 큰 성공을 이룰 수 있었다. 사람들은 페이스북에서 본 좋은 콘텐츠나 재밌는 콘텐츠들을 자신의 친구들에게 소개하며 공유한다. 그래서 세계에서 가장 효과가 좋은 마케팅은 사람들의 말과 글에 의해 자연스럽게 퍼지는 바이럴 마케팅이다. 흔히 말하는 구전효과를 비유할 수 있는데 이는 높은 금액의 광고비 없이도 사람들의 입소문에 의해 제품을 알릴 수 있다는 장점이 있다. 그래서 많은 기업들이 좋은 콘텐츠를 발행하기 위해 시간과 비용을 투자하고 있으며, 사람들을 모으기 위한 플랫폼 구축에 힘을 쏟고 있는 것이다.

슬립메이트는 아이드마 법칙(사람이 행동하기까지 주목, 흥미, 욕망, 기억, 구매 행동 5가지의 순위가 있다는 법칙) 중에서 주목(Attention)과 흥미(Interest) 면에서 성공한 광고라고 할 수 있다. 광고의 1차 목표는 일단 클릭을 유도하는 것이다. 클릭을 해야 그다음 단계에서 무엇이라도 할 수 있기 때문이다. 그래서 광고는 일단 클릭을 유도할 수 있어야 하며, 고객들이 클릭할 만한 이유를 만들어야 한다. 소비자들은 날이 갈수록 더 영리해지고 깐깐해지고 있다. 그러나 이 말은 반대로 그러한 깐깐한 소비자들에게 선택만 받으면 순식간에 많은 수의 충성고객을 확보할 수 있다는 뜻이다. 즉 양질의 콘텐츠를 발행하면 광고비 대비 가성비 면에서 훨씬 큰 효과를 얻게 될 것이다.

SECTION ♥ 04

공공기관의
페이스북 마케팅 성공사례

요즘은 기업뿐만 아니라 관공서나 지자체들도 페이스북을 통해 활발히 마케팅을 하고 있다. 공공기관은 페이지를 통해 행정정책 등을 홍보하며 페이스북을 소통의 창구로 활용한다. 그런데 최근에는 단순히 페이스북을 행정정책 홍보용 도구로만 바라보던 시선이 바뀌기 시작했다. 몇몇 공공기관에서 재치 있게 페이스북을 통해 적극적으로 브랜딩에 임하면서 기류가 달라진 것이다. 이번 섹션에서는 페이스북 마케팅을 적극적으로 활용해 성공적으로 플랫폼을 구축한 공공기관들의 사례를 소개하고자 한다.

고양시를 브랜딩한 고양시청

지금은 많이 좋아졌지만 과거 공공기관의 페이지는 보도자료나 공지사항 등을 올리는 용도로 사용될 뿐이었다. 이용자들이 좋아할 만한 콘텐츠가 전무하다 할 정도여서 인기를 끌지 못했다. 그러나 최근에는 지자체에서도 SNS 전담팀을 따로 두면서 시민들과 적극적으로 소통하기 시작했다. 대표적으로는 재미있는 콘텐츠로 인기를 끌기 시작한 부산경찰과 고양시청 두 곳이 있다. 여기서는 고양시청에 대한 소개를 하려 한다.

고양시청 페이지는 2011년 4월에 디지털 홍보팀을 두면서 처음 페이스북을 운영했다. 어디나 마찬가지겠지만 고양시청 역시 1년이 넘도록 페이지의 인기가 크게 없었는데 2012년 12월 고양시청을 상징하는 고양이를 캐릭터로 활용하면서 사람들에게 관심을 받기 시작했다. '고양시청'의 앞 두 글자 '고양'에서 아이디어를 얻어 캐릭터를 고양이로 했는데 단순하면서도 기발한 신의 한 수가 아닌가 싶다. 고양이 캐릭터가

◉ 고양시청의 페이지 화면. 고양시청은 페이스북 운영을 위한 전문인력을 따로 두고 있다.

고양시청은 위트 있는 포스팅으로 큰 호응을 얻고 있다. 때로는 고양 시장이 직접 페이스북 프로모션에 참여하기도 한다.

인기를 얻으면서 페이지의 운영 방향도 사람들이 찾아올 수 있는 유머에 초점을 맞추기 시작했다. 간단한 게임을 페이지에 넣어 이벤트를 하는가 하면 고양시에서 일어나는 재미있는 일이나 시민들의 간단한 에피소드 등 소통이 될 만한 콘텐츠를 발행하면서 많은 사람들이 찾아가는 페이지로 성장했다.

인기를 끌게 된 이유 중 하나는 관리자가 발행하는 글 마지막에 항상 '~고양'이나 '~야옹'이란 단어를 넣는다는 점이다. 캐릭터가 고양이란 점에 착안해 만들어낸 전략이다. 이러한 글에 댓글을 다는 시민들도 '축하합니다고양~'이나 '재밌다야옹~'처럼 글 마지막에 '고양'이나 '야옹'을 넣으며 동조하기 시작했다. 시민들의 참여를 이끌어내기 위해 고안

해낸 소통의 아이디어가 통한 것이다.

사람들은 재밌고 유쾌하며 능동적으로 참여할 수 있는 콘텐츠에 열광한다. 좋은 콘텐츠는 그냥 거창하기만 한 것이 아니다. 창의적인 아이디어가 가미된다면 사소해도 좋다. 일례로 오픈마켓에서 청국장을 판매하던 사업자의 경우 상세페이지의 모든 글을 옛날 궁에서 쓰던 말투로 적으면서 소비자들에게 큰 인기를 끌었다. 이처럼 작은 아이디어가 큰 결과를 만들어낼 수 있다는 점을 기업들은 늘 염두에 두어야 한다.

고양시청만의 차별화된 콘텐츠가 또 있다. 바로 최고 결정권자인 시장이 직접 페이스북의 프로모션에 참여해 시민들과 소통하고 있다는 점이다. 실제로 최성 고양시장이 어느 날 페이스북에 공약을 걸었다. 팬 숫자가 8천 명이 넘으면 자신이 고양이 분장을 하고 사진을 찍어 페이스북에 올린다는 공약이었다. 그래서 팬 수가 목표를 채웠을 때 최성 시장은 고양이 머리띠를 하고 손엔 고양이 장갑을 낀 유쾌한 사진을 찍어 페이스북에 올린다. 이것이 바로 고양시청 페이지가 시민들에게 사랑받는 이유가 아닐까?

시민들에게 친밀하게 다가선 부산경찰

경찰 하면 떠오르는 이미지는 무엇일까? 아마 사람마다 살아온 환경에 따라 다르게 인지할 테지만 대체로 딱딱하고 경직된 무언가를 연상한다. 최근에는 모든 기관들이 시민들에게 친근감 있게 다가가기 위해 블로그를 하고 페이스북을 한다. 부산경찰은 그런 면에서 귀감이

✦ 부산경찰의 페이지 화면. 부산경찰은 페이스북을 통해 시민들과 친밀하게 소통한다.

되고 있다. 경찰은 페이스북에서 어떤 콘텐츠로 소통을 해야 할까? 부산경찰청 역시 다른 기관들과 마찬가지로 처음엔 공지사항과 보도자료만 올렸었는데, 소통을 위한 차별화된 전략을 도입하면서 크게 인기를 끌게 됐다.

부산경찰 하면 떠오르는 이미지는 춤추며 노래를 부르는 여자 경찰의 동영상이다. 시민들과 소통하기 위해 부산경찰에 근무 중이던 여경이 귀요미송을 불러 그것을 유튜브와 페이스북에 올리면서 유명해진 동영상이다. 조회수가 무려 58만 회를 넘으며 부산경찰의 브랜드가 대중들에게 더 많이 알려지게 된다. 또한 이를 계기로 각종 행사에 경찰이 참여해 춤을 추는 등 시민들에게 가까이 가기 위해 소통하고 있다. 그리고 같은 사건이라도 좀 더 부드러운 말투와 재미를 섞어 소개하거나 범인들의 검거 현장을 생동감 있게 찍어 올리는 등 다양한 방법으로 부산경찰의 이미지를 높이고 있다.

무엇보다 부산에 일어나고 있는 크고 작은 사건들을 소개하면서 시민들의 참여를 유도하고 있는 것이 특징이다. 이렇게 부산경찰의 시민

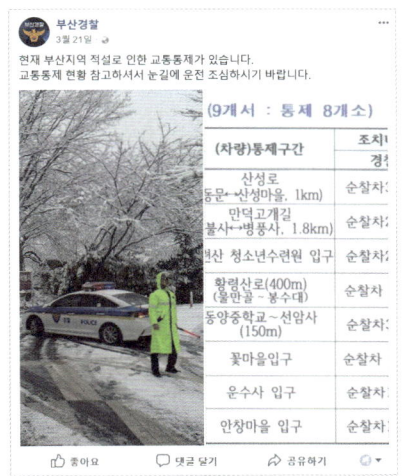 

부산경찰 페이지는 시민들에게 필요한 유용한 정보를 포스팅한다.

에 다가가려는 노력이 주효하면서 페이스북 이용자들이 자발적으로 부산경찰 페이지에 여러 가지 미담을 제공하기도 한다. 시민 스스로 소재를 찾아 제공하는 선순환이 이뤄지고 있는 것이다. 예를 들어 부산경찰 페이지에 올라온 실종사건이 시민들의 제보로 해결됐던 일, 사회 약자들의 모습을 찍어 올려 시민들과 지자체들의 도움을 이끌어냈던 일 등 부산의 크고 작은 사건사고들이 활발히 올라오고 피드백이 이뤄져 자연스럽게 페이지가 활성화될 수 있었다. 사건이 하나 터지면 시민들이 자발적으로 자신들의 개인계정에 공유하면서 널리 알려 범인을 검거하는 수도 늘어나고 있다고 한다. 부산경찰 페이지가 시민들의 네트워크 형성에 크게 일조하고 있는 것이다.

놀랍게도 2013년 부산대 성폭행 사건은 2천 장이 넘는 공개 수배 전단을 돌리고도 범인을 잡지 못하다가 SNS에 올린 지 10분 만에 네티즌의 제보로 검거할 수 있었다. 이렇듯 기관이 먼저 시민들과 소통하기 위해 페이지를 운영하고 다가선다면 지역 사회를 아우르는 거대한 플랫폼을 구축할 수 있을 것이다.

관광객이 스스로 콘텐츠를 만드는 한국민속촌

조선시대 거리에 장사꾼이 돌아다니고, 거지가 사람들에게 구걸을 하고, 흰머리를 풀어헤친 소복을 입은 여인이 나무 위에 앉아 있는 모습을 상상해보자. 이런 광경을 마주한다면 당신은 어떤 행동을 보일까? 실제로 이런 세상을 구현한 장소가 있다. 바로 한국민속촌이다. 거리를 돌아다니는 거지는 영어를 구사하며 외국인에게 구걸하고, 머리를 풀어헤친 소복의 여인은 커다란 여우 귀를 한 채 애교를 부린다. 이처럼 한국민속촌의 유쾌한 프로모션은 많은 사람들에 의해 회자가 되었다. 구미호 등을 목격한 관광객들이 SNS에 다양한 후기를 남기기 시작하면서 한국민속촌은 점점 더 널리 알려졌다.

우리가 보통 드라마 세트장으로만 알고 있었던 한국민속촌이 이처럼 '특별한 마케팅' 전략을 본격적으로 펼치지 시작한 계기는 마케팅팀에서 SNS를 담당하고 있던 '속촌아씨'라는 닉네임의 운영자 때문이다. 속촌아씨는 '기체후일향만강 하시옵니까?'라는 말을 쓰는데 이는 '건강하게 편히 잘 계셨습니까?'라는 의미다. 또 '하였사옵니다' 등 이렇게 궁에서 사용하는 말투로 매일 아침 민속촌의 행사와 근황을 SNS를 통해 홍보하면서 한국민속촌의 '좋아요' 숫자는 35만 개를 넘어선다. 사진 1장에 '좋아요' 숫자도 1천~3천 개를 넘어서는 경우가 흔하다. 더불어 공식 블로그인 '촌스러운 이야기'도 페이스북과 함께 방문객이 꾸준히 늘고 있다. 재치 있는 말투를 사용하는 작은 차별화 전략이 상상 이상으로 큰 효과를 불러온 것이다.

기존 전통문화의 이미지는 옛날 사람들의 모습을 구현해 방아를 찧는 모습을 구현하는 등 정적인 이미지가 많았는데,

한국민속촌의 포스팅. 재치 있는 말투로 큰 호응을 얻고 있다.

한국민속촌은 그러한 고리타분한 방식에서 벗어나 관람객들과 함께 호흡하는 차별화된 마케팅으로 큰 호응을 받고 있다. 한국민속촌을 방문했던 사람들은 "진짜 이 집에서 살고 있는 조선시대 사람들과 대화하는 것 같다."라거나 "엿을 파는 엿장수도 자유롭게 돌아다녀 찾는 재미가 쏠쏠하다."라는 등의 후기를 남긴다.

이런 일이 가능한 이유는 바로 한국민속촌에서 아르바이트를 하고 있는 젊은 아르바이트생들 때문이다. 20대 초반의 대학생들이 거지, 구미호, 관상가, 죄인 등의 역할을 맡으면서 연예인 못지않은 끼를 발산하

◎ 한국민속촌의 페이지 화면. 한국민속촌은 관람객과 호흡하며 기존의 정적인 이미지에서 탈피했다.

기 시작했고, 아르바이트생이지만 주어진 역할에 맞게 톡톡 튀는 신선한 아이디어로 관람객들과 자유롭게 소통했다. 이러한 유머러스한 모습이 관람객들의 SNS에 급속도로 퍼진 것이다. 재밌고 특이한 아르바이트생의 모습을 동영상으로 촬영해 페이스북과 유튜브에 올리면서 적극적으로 브랜딩하기 시작한다.

이로 인해 한국민속촌은 다시 가고 싶은 장소로 손꼽히고 있다. 미모와 애교로 무장한 구미호 알르바이트생의 근무 동영상은 유튜브 메인 페이지에 올라갈 정도로 인기를 끌었고, 거지 역할의 아르바이트생은 2012년 5월 첫째 거지가 등장한 이후 넷째 거지까지 채용되면서 한국민속촌의 마스코트가 된다.

거지 아르바이트생은 외국인 관광객에게 영어로 구걸하는 모습을 보여 웃음을 자아내기도 하고, 또 공중파에 출연할 정도로 입지를 굳히던 거지 아르바이트생은 관상가 역할로 '신분 상승'하기도 했다. 한국민속촌은 과거의 고루한 마케팅 대신 젊은 층들이 참여하고 좋아할 만한 여러 가지 놀이체험 등을 페이스북에 소개해 큰 인기를 끌고 있다. 그 결

◎ 아르바이트생들은 한국민속촌의 마스코트가 되어 활발히 활동한다.

과 과거와 달리 중장년층의 비율이 줄어들고 20~40대 관람객의 비율이 80%를 넘어섰으며, 재방문율 역시 매년 증가하고 있는 실정이다. 재방문율의 증가는 무엇보다 유의미한 변화다.

속촌아씨는 이렇게 말한다. "요즘은 주말만 되면 한국민속촌 근처의 일대가 마비될 정도로 많은 분들이 방문해주시고 있사옵니다. 정말 성은이 망극하옵니다." 모든 기업이 참고할 만한 전략이 아닌가 싶다. 오프라인에서 타겟층을 노리는 적절한 콘셉트의 이벤트와 함께 온라인에서 페이스북 페이지 운영을 병행한다면 한국민속촌처럼 큰 호응을 얻을 수 있을 것이다. 아무리 기발하고 유쾌한 이벤트도 결국 홍보가 제대로 이루어지지 않으면 소용없게 된다. 한국민속촌처럼 적극적으로 페이지를 운영해보자.

재미있고 쉬운 예술로 소통하는 대림미술관

　　미술관과 전시장 같은 장소를 고상한 취미를 가진 사람들만이 가는 곳이라 생각할 수 있다. 그만큼 예술을 난해하다고 느끼는 사람들이 많기 때문이다. 대림미술관은 그런 선입관을 깨기 위해 적극적으로 노력한다. 2015년 말 개관한 한남동의 대림미술관 디뮤지엄은 '아홉 개의 빛, 아홉 개의 감성'이라는 특별전을 연다. 누적 관람객 수만 약 26만 명에 달하는데 이 가운데 20대의 비중이 68%를 차지했다. 이렇게 크게 성공할 수 있었던 이유는 대중의 취향을 맞춘 전시 콘셉트도 한몫을 했지만 페이스북에서 자연스럽게 유발된 바이럴 마케팅 덕분이었다.

　　방문한 관람객들은 자신들의 페이스북과 인스타그램 등 SNS에 해당 전시회를 공유해 자연스럽게 입소문을 냈고, '#디뮤지엄' 해시태그는 10만여 건 이상 언급된다. 디뮤지엄 측에서 별도로 진행한 마케팅 때문이 아니라 순수하게 관람객들에 입소문에 의해 널리 전파된 것이다. 전시장에 들른 20대 관람객들은 한결같이 대림미술관이 내세운 '재미있

🔸 대림미술관의 페이지 화면. 대림미술관은 재미있고 쉬운 예술로 대중들에게 다가선다.

◎ 대림미술관은 젊은 층의 소비패턴을 파악해 그들의 관심을 끌 만한 기획과 스토리를 제공한다.

고 쉬운 예술'에 크게 감명을 받았다고 말한다. 여유 있는 계층이나 일부 관련 업종에 종사하는 사람들만이 누리던 예술에서 벗어나 쉽고 재미있어서 누구나 찾아올 수 있게 개선하니 자연스레 젊은 층의 고객들이 늘어난 것이다.

미술관을 찾는 관람객의 연령층은 주로 40대 이상인데, 대림미술관의 경우 20대의 비중이 68%일 정도로 압도적으로 많다. 그 이유는 젊은 층들이 예술에 쉽게 접근하고 쉽게 이해할 수 있도록 페이스북 마케팅을 적극적으로 활용했기 때문이다. 그 결과 어렵게만 여겨지던 예술의 문턱을 낮췄다는 호평을 받으며 대림미술관은 큰 사랑을 받는다.

젊은 층은 스마트폰을 통해 무언가를 쓰고 늘 찍는다. 그들은 조금이라도 흥미 있는 모든 것들을 친구들에게 공유하려고 한다. 또 사진에 해시태그를 달아 페이스북과 인스타그램에 소개하면서 소통한다. 작품 앞에서 사진을 찍고 SNS에 올리는 식으로 직접 대림미술관을 홍보하게 되는 것이다. 대림미술관은 페이스북 마케팅과 더불어 쉬운 전시 기획을 선보여 젊은 고객들의 마음을 사로잡았다. 모든 전시를 보고 나오면 관련 상품을 판매하는 뮤지엄샵이 나오는데, 이곳에서 에코백이나 엽서, 잡지, 작품 도록 등을 판매한다. 판매되는 문구류와 기념품도 젊은 층을 타겟으로 해 세련되고 퀄리티가 훌륭하다.

대림미술관의 성공은 물론 오프라인 전시장의 위치가 좋고 시설이 훌륭하다는 태생 자체의 장점도 있지만 그것만이 전부는 아니었다. 대림미술관이 인기를 끌 수 있었던 요인은 바로 트렌드를 읽었다는 점이다. 스마트폰 시대를 살고 있는 젊은 층의 소비패턴을 파악해 그들의 관심을 끌 만한 기획과 스토리를 제공한 것이다. 좋은 콘텐츠를 제공해 소비자가 사진을 찍게 만들고, 공유하게 만들면 당신의 해시태그가 널리 퍼질 것이고, 굳이 큰 비용을 들여 노력하지 않아도 당신의 브랜드가 널리 알려질 것이다.

 # 농사를 짓는 마음으로 페이스북을 활용하자

"SNS는 농사입니다. 농부의 마음으로 꾸준히 가꾸어야 합니다." 강연장에서 늘 강조하는 말입니다. 결혼할 사람이라면 반드시 사계절을 사귀면서 그 사람의 성격을 파악하고 깊이 이해하라는 말과 일맥상통합니다. 사람들은 처음에는 개인정보 문제와 진입장벽 때문에 페이스북 마케팅에 입문하기 꺼려합니다. 그러다 조금만 배우면 재미를 느끼고 적극적으로 다가섭니다. 시간이 지나면서 페이스북의 장단점을 파악한 후에는 딜레마가 생기기 시작합니다. 특히 페이스북 마케팅을 통해 돈을 벌고 싶어지면서 상황이 달라지는데, 수익을 위해 개인계정 뉴스피드에 광고를 올리기 시작하면 평소에 소통이 활발하던 친구들이 하나 둘 관심을 끊게 되기 때문입니다.

페이스북은 각 지역에 흩어져 있는 전 세계의 친구들과 5인치의 기기 안에서 글과 사진으로만 소통하는 공간입니다. 그 안에는 슬픔과 기쁨, 행복과 불행, 희망과 절망 등이 모두 뒤엉켜 있습니다. 즉 가상의 공간이지만 사람이 사는 곳이라는 의미입니다. 그래서 페이스북은 평판에 의해 운영되는 SNS라고 불립니다. 그렇기 때문에 평소에 올리는 포스팅에 신경을 써야 합니다. 당신이 올린 포스팅이 누군가에게는 꼭 필요한 자료가 될 수 있습니다. 그리고 그 포스팅 하나로 매출이 크게 오르기도 합니다. 이렇게 평판에 의해 판매와 구매가 이루어지는 공간이 바로 페이스북입니다. 그것이 개인계정이든 페이지든 상관없이 말이지요.

회사에서는 직원들에게 페이스북으로 마케팅을 하라고 채근하면 안 됩니다. 전공자가 아닌 이에게 억지로 강요한다고 해서 좋은 결과가 나오지는 않습니다. 임원진들이 먼저 페이스북을 솔선수범해서 운영해보시기 바랍니다. 임원진들의 네트워크는 일반 직원들의 몇 배나 더 큽니다. 그렇기 때문에 소규모 기업이나 중소기업 임원들이 스스로 발 벗고 나설 때 페이스북 마케팅의 효과는 훨씬 더 커질 수 있습니다. 그리고 회사를 운영하는 입장에서는 반드시 플랫폼 구축이 용이한 페이지를 운영해야 합니다. 페이지에 좋은 콘텐츠를 발행하면서 팬들을 많이 모으는 것이 필요합니다. 오프라인에서의 광고보다 훨씬 더 큰 파급력을 가질 수 있는 것이 페이지라는 사실을 꼭 기억하기 바랍니다.

페이스북 페이지로 페이스북이 자랑하는 광고를 집행해 잠재고객들을 찾아봅시다. 픽셀코드를 사용해 맞춤타겟, 유사타겟, 리타겟팅 등으로 고객들을 계속 따라다니면서 구매를 유도해야 합니다. 충성스런 고객을 확보하게 되면 그들로 인해 확산되는 광고의 파급력, 즉 바이럴 마케팅 효과는 상상 이상입니다. 바로 공유라는 페이스북의 특성 때문입니다. 지역을 나누고, 성별을 나누고, 연령을 나누고, 관심사를 나누고, 행동을 나누어 꾸준히 광고를 집행하면 친구들 뒤에 숨어 있는 더 많은 고객들을 찾아낼 수 있을 것입니다. 혹 1인 사업자나 소규모의 회사라 할지라도 광고를 여러 번 집행해보면서 가장 효과적인 형식의 광고를 찾아봅시다.

처음에는 마냥 어렵게 느껴질 수도 있습니다. 그래서 더더욱 꾸준하고 정기적으로 페이스북을 통해 고객을 찾아야 합니다. 고객은 심하게 흔들리는 갈대와 같습니다. 농사를 짓는 마음으로 호흡을 길게 하고 즐겁게 그들과 소통하기 바랍니다. 페이스북 마케팅은 농사입니다.

임성빈

이 책을 통해 매일 꾸준히 정기적으로 페이스북 마케팅에 정진한다면 향후 엄청난 수의 잠재고객을 만들 수 있을 것이다.

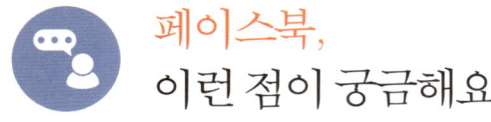
페이스북,
이런 점이 궁금해요!

Q. 페이스북 계정을 만들려면 어떤 절차가 필요할까요?

A. 일단 페이스북 사이트(www.facebook.com)로 이동합니다. 가입양식이 나타나면 이메일 주소 또는 휴대폰 번호, 비밀번호, 생년월일, 성별을 입력하면 됩니다. 가입양식이 나타나지 않으면 직접 '가입하기'를 누릅니다. 당신의 이메일 주소 또는 휴대폰 번호는 페이스북의 아이디가 됩니다. 이미 페이스북 계정이 있는 경우에는 이메일 주소나 휴대폰 번호, 비밀번호를 입력해 로그인하면 됩니다. 페이스북은 미국의 양식을 따르고 있기 때문에 이름을 먼저 작성하고 성을 적어야 합니다. 그렇지 않으면 성과 이름의 위치가 바뀔 수 있기 때문입니다. 이름을 변경하려면 승인까지 두 달 정도가 걸리기 때문에 꼭 유의하기 바랍니다.

Q. 계정을 만들 때 따로 인증이 필요한가요?

A. 휴대폰 번호로 회원가입을 하게 되면 대부분 비밀번호만 입력하면 이용이 가능한데, 반드시 이메일 주소를 등록해 인증을 받고 사용하는 것을 추천합니다. 또 이메일 주소로 가입한 경우에는 반대로 반드시 휴대폰 번호로 인증을 받아 사용해야 합니다. 이처럼 개인정보의 경우 안정성이 무엇보다 중요하기 때문에 반드시 휴대폰 번호와 이메일 주소를 둘 다 사용해 이중으로 인증을 받아야 합니다. 페이스북은 보안을 위해 계정인증 절차와 본인인증 절차가 철저합니다. 왜냐하면 개인계정과 페이지, 그룹 등이 모두 개인계정으로 만들어지고 운영되기 때문입니다. 개인계정에 보안상의 문제가 벌어지면 운영하는 페이지와 그룹 등은 모두 한순간에 망가질 수 있습니다.

Q. 페이스북을 이용할 때 브라우저는 어떤 것을 써야 좋을까요?

A. 페이스북은 크롬에 최적화된 플랫폼입니다. 그렇기 때문에 크롬에서 운영하는 것이 안전합니다. 그리고 인터넷 익스플로러에서는 크롬과 메뉴가 다르게 보일 수 있습니다. 무엇보다 페이스북 광고의 집행이 크롬에서만 가능하며, 기능 역시 크롬에 최적화되어 있습니다. 그러므로 페이스북 마케팅에 본격적으로 입문하기 위해서는 반드시 크롬을 사용하는 것이 좋습니다.

Q. 페이스북 CPC 광고와 CPM 광고의 차이는 무엇인가요?

A. 캠페인 목표를 무엇으로 설정하느냐에 따라 CPC(Cost Per Click)와 CPM(Cost Per Mille)을 선택할 수 있습니다. CPC 광고는 클릭

수에 따라 비용이 청구되는 방식이고, CPM 광고는 노출 수에 따라 비용이 청구되는 방식입니다. 동영상 조회나 도달을 목표로 한 광고는 CPM 방식으로 고정되어 있습니다. 트래픽, 참여, 앱 설치 등의 액션을 유도하는 광고는 둘 중 하나를 선택할 수 있습니다.

Q. 광고 이미지에 텍스트 비율이 많으면 어떤 일이 생기나요?

A. 광고 이미지에 텍스트 비율이 20%가 넘어가면 광고 도달에서 차이가 납니다. 또 애초에 페이스북 광고 자체에서 승인이 나지 않아 광고 집행이 어려워질 수 있습니다. 가급적 텍스트는 이미지 안이 아닌 제목이나 내용에 적는 게 좋습니다. 이미지에 텍스트를 넣어야 할 땐 핵심이 되는 카피만 압축적으로 쓰는 것이 효과적입니다. 핵심적인 키워드를 잘 활용하면 소비자들의 유입을 늘릴 수 있습니다. 내용 지식이 크게 중요한 상품이 아니라면 텍스트 비율이 많지 않은 것이 좋습니다.

Q. 페이스북 페이지를 처음 하는데 방향을 잘 모르겠습니다.

A. 규모가 있는 브랜드의 경우에는 페이지를 개설해 페이스북 친구들과 소통하는 방향이 좋고, 작은 규모의 경우에는 매출을 올리기 위한 랜딩페이지가 광고용으로 많이 쓰입니다. 고객데이터를 확보하기 위해 회원가입을 유도하는 광고도 많이 쓰이고 있습니다.

Q. 페이스북 광고 시 세금계산서는 어떻게 받을 수 있을까요?

A. 현재 페이스북은 아일랜드에 등록되어 있는 법인으로서 아일랜드

세법을 따르고 있습니다. 그렇기 때문에 페이스북 광고에 대해 따로 세금을 부과하지 않습니다. 따라서 세금계산서는 발행되지 않습니다. 대신 페이스북 광고에 지출한 비용은 광고 관리자 내 청구서 탭에서 해당 상세 내역을 확인할 수 있습니다.

Q. 페이스북 광고비를 결제할 때 왜 원화가 아니라 달러를 써야 하나요?

A. 광고비를 결제할 때 결제 통화는 현지 통화, 즉 달러로 하는 것을 추천합니다. 왜냐하면 원화로 결제하게 되면 수수료가 조금 더 추가되기 때문입니다. 원화 결제의 경우 수수료가 2~5% 정도 더 나가기 때문에 귀찮더라도 꼭 달러로 결제하는 것이 좋습니다. 처음 신용카드로 결제하게 되면 1달러가 추가로 결제될 것입니다. 가끔 광고를 하지도 않았는데 광고비가 결제되었다고 질문하는 분들이 있습니다. 그러나 이 금액은 신용카드가 가짜가 아니라는 것을 확인하는 일종의 증거금으로 실제 결제되는 돈은 아니니 우려하지 않아도 됩니다.

Q. 블로그나 카페에도 픽셀코드를 삽입할 수 있나요?

A. 원칙적으로 블로그나 카페 자체에는 픽셀코드를 심을 수 없습니다. 그래서 따로 경로페이지를 만들어 그 페이지에 픽셀코드를 심는 방법을 사용하고는 합니다. 필자는 많은 사람들이 알고 있는 온오프믹스(www.onoffmix.com)라는 플랫폼에 광고를 집행하고 운영합니다. 온오프믹스를 통해 블로그나 카페에 유입된 이용자들을 파악할 수 있습니다.

Q. **페이스북 페이지를 아무리 열심히 운영해도 규모가 커지지 않아요.**
A. 개인계정과 다르게 페이지는 키우기가 상당히 힘듭니다. 그래서 자신이 생각하기에 좋은 콘텐츠를 자주 올리고, 카드뉴스도 많이 만들어 올렸는데도 별 효과가 없다고 하소연하고는 합니다. 페이지를 운영할 때는 다른 여러 그룹에 가입해 활발한 그룹 활동과 페이지 운영을 병행하는 것이 좋습니다. 또 개인계정 친구들을 많이 늘리면서 페이지 게시물을 개인계정에 공유하는 방법도 있습니다. 또 페이스북 페이지의 활성화는 페이스북 광고가 반드시 집행되어야 합니다. 이렇게 개인계정, 그룹 활동, 광고를 적절히 정기적으로 함께 한다면 지금보다 훨씬 더 좋은 결과를 얻을 수 있을 것입니다.

Q. **페이스북 캔버스 광고가 무엇인가요?**
A. 캔버스 광고는 모바일에 최적화된 형식입니다. 캔버스 광고는 양방향의 몰입도 높은 브랜드 경험을 제공하는 동시에, 고객이 페이스북 내에서 구매를 완료할 수 있도록 유도하는 모바일 광고 형식입니다. 클릭하면 전체 화면으로 확대되며 텍스트, 이미지, 동영상, 링크를 포함해 만들 수 있습니다. 캔버스는 파워에디터와 광고 관리자의 캔버스 생성 도구, 페이지의 게시 도구 섹션 및 페이지 작성 도구를 사용해 만들 수 있습니다.

Q. **페이지를 많이 만들어 팬을 늘린 후 통합하는 방법은 어떤가요?**
A. 페이지의 팬을 늘리기 위해 수천 명의 팬이 있는 페이지를 몇 개씩 만들어 운영하다가 나중에 그 모든 페이지를 하나로 통합하는 분들

이 많습니다. 또 그렇게 하는 마케팅 대행사들도 있습니다. 하지만 우선 통합한다고 가정하면 '좋아요' 수가 최소 10~20%는 사라지는 걸 감수해야 합니다. 또 그렇게 여러 개의 페이지를 운영하는 노력을 애초부터 한 페이지에 집중하는 것이 더 효과적일 것입니다.

Q. 개인계정에서도 광고를 집행할 수 있나요?

A. 페이스북 광고는 오로지 페이지에서만 가능합니다. 개인계정에서는 유료 광고가 불가능합니다. 그런데 친구 수가 많고 팔로워가 많은 페이스북 이용자에게 자신의 상품을 홍보해달라고 하는 방식은 가능합니다. 이처럼 페이지를 운영하지 않는다면 파워블로거처럼 팔로워가 많은 인플루언서(Influencer)에게 광고를 의뢰하는 경우도 있습니다.

Q. 구매 유도 광고와 게시물 참여 광고는 어떤 형식이 적합한가요?

A. 구매 유도를 목표로 하는 전환 광고의 경우 신용카드 결제가 간편한 데스크톱 광고가 유리하고, 게시물 참여가 목표인 광고는 모바일에서의 반응이 좋은 뉴스피드 광고가 적합합니다. 그 이유는 대략 이렇습니다. 이동 중에 스마트폰을 통해 본 광고는 보통 결제를 스마트폰에서 하지 않고, 집에서 데스크톱을 통해 결제하는 경우가 많습니다. 물론 최근에는 모바일로 결제하는 비중도 늘고 있지만 소비 심리상 아직까지는 데스크톱을 통한 결제 수가 더 많습니다. 소비자의 연령대가 높은 건강식품 등의 제품이라면 모바일 결제 비중은 더더욱 내려갈 것입니다.

Q. 페이스북 개인계정이 비활성화여도 광고비가 청구되나요?

A. 결론부터 말하자면 광고비는 계속 청구됩니다. 그 이유는 개인계정이 비활성화 상태라고 할지라도 비즈니스 계정은 살아 있기 때문입니다. 광고를 직접 중단하지 않는 이상은 비활성화로 광고비 청구를 막을 수 없습니다. 이를 해결할 수 있는 방법은 결제 카드를 아예 중지시키는 것입니다. 한 가지 팁은 광고를 진행하던 계정을 안전한 계정에 비즈니스 관리자로 추가해 만약의 사태를 대비하는 것입니다. 광고 약관 위배나 다른 행위 등으로 개인계정이 일시적 혹은 영구적으로 비활성화 상태가 될 수 있기 때문입니다.

따라하면 매출이 따라오는 페이스북 마케팅

초판 1쇄 발행 2018년 5월 20일 | **초판 2쇄 발행** 2018년 7월 5일 | **지은이** 임성빈
펴낸곳 원앤원북스 | **펴낸이** 오운영
경영총괄 박종명 | **편집** 이광민·최윤정·김효주
등록번호 제2018-000058호 | **등록일자** 2018년 1월 23일
주소 04091 서울시 마포구 토정로 222 한국출판콘텐츠센터 306호(신수동)
전화 (02)719-7735 | **팩스** (02)719-7736 | **이메일** onobooks2018@naver.com
값 15,000원
ISBN 979-11-963418-0-0 14320
　　　 979-11-963418-1-7 (세트)

* 잘못된 책은 구입하신 곳에서 바꿔 드립니다.
* 이 책은 저작권법에 따라 보호받는 저작물이므로 무단 전재와 무단 복제를 금지합니다.

이 도서의 국립중앙도서관 출판예정도서목록(CIP)은 서지정보유통지원시스템 홈페이지(http://seoji.nl.go.kr)와 국가자료공동목록시스템(http://www.nl.go.kr/kolisnet)에서 이용하실 수 있습니다.(CIP제어번호: CIP2018013816)